中國人口均衡城市化的
基本問題與路徑選擇 研究

盧繼宏 ○ 著

序

　　城市化已經成為當代世界各國社會經濟發展中的共同現象，因而對城市化的研究自然也就成為了一個具有國際性的重大課題。近三四十年來，世界各國學術界對城市化的研究達到了高潮。全世界出版和發表的研究城市化的著作、論文，可謂汗牛充棟，其中不乏富有創見的優秀成果。但是，立足中國，對中國人口城市化做系統研究的，仍顯不足，精品更少。盧繼宏博士的《人口均衡城市化的基本問題與路徑選擇研究》，選題新穎，結構獨特，富含創新，論證充分，資料翔實，是一部運用人口學原理研究中國人口城市化的佳作。本書在吸收國內外關於人口城市化研究成果，並佔有豐富材料的基礎上，對中國人口城市化做了理論上的概括，力求揭示中國人口城市化的規律性並提出了相關策略。

　　本書作者認為，中國人口城市化應該走人口均衡城市化的道路。在書中，作者對「人口均衡城市化」的內涵進行了界定，並構建了人口均衡城市化發展的評價指標體系和數量模型。本書還分析了當前中國人口均衡城市化發展進程中面臨的問題和應該採取的相應對策。科學研究貴在創新，本書的可貴之處正是在於創新，讀后使人有耳目一新的感覺。本書是作者在西南財經大學攻讀博士學位期間，師從陳明立教授，寒窗苦讀、悉

心研究所寫的博士論文。在論文答辯前曾將該文稿送給中國一些著名人口學家翻閱,獲得好評;在論文答辯會上又受到與會專家的一致首肯。可以認為,本書的公開出版,對於推進中國人口城市化研究,必將產生重要意義。相信盧繼宏博士一定會百尺竿頭,更進一步,向科學高峰努力攀登。是為序。

吳忠觀

前　言

　　城市化是經濟社會發展的必然趨勢，也是衡量一個國家和地區經濟社會發展水平的標志之一。中國自改革開放以來，隨著經濟的飛速發展，城市化進程明顯加速，城市化水平顯著提高。城市化的迅猛發展不僅對中國經濟的增長和發展起著重要作用，同時也影響著世界經濟的發展，受到全世界的關注。但是，中國的城市化發展滯后於工業化發展的局面，已經嚴重制約了中國的經濟發展，阻礙了國家綜合競爭力的提高，成為知識經濟時代新一輪財富集聚的瓶頸。

　　進入21世紀，中國的城市化發展面臨著更加複雜的環境。經濟全球化縮短了國家間、地區間的差距，衝擊著各個國家的經濟發展與城市化格局。知識經濟和信息經濟時代，國家之間的競爭已經變為知識、人才、科技和產業的競爭，變成集聚著產業、金融、貿易、信息、科技、人才等的城市、城市群間的競爭。隨著全面建成小康社會的展開，市場經濟體制改革的進一步深入以及全球氣候變化所帶來的生產生活上的變化，要求中國的城市化要實現人口、資源、環境的協調發展和可持續發展。

　　首先，城市發展面臨著一系列的壓力和挑戰。這些壓力可以概括為人口與就業的壓力、土地資源供應的壓力、水資源和

能源的壓力、生態環境改善的壓力、基礎設施配套壓力、社會保障體系壓力和公共服務完善的壓力等。其次，城市的發展戰略有了調整，今后城市化的發展戰略更加強調發展的質量和效益。城鎮化進程由點狀聚集向高水平的相對均衡轉化，實現城市反哺農村，城鄉經濟一體化，逐步改變城鄉二元結構。最后，城市的能源消耗也面臨著巨大考驗，今后城市應堅持將節能減排作為低碳經濟約束性指標，在增長方式上按照減量化、再利用資源化原則，追求以創新為主要驅動力的低碳經濟發展模式，走城市可持續發展之路。

城市化是一個歷史過程，隨著社會發展階段的不同，城市化的特徵和表現形式也相應發生變化。中國的城市化與發達國家數十年甚至一百多年前城市化的歷史條件相比，發生了根本性的變化。這些變化主要是：農村人口非農化轉變總量大；經濟全球化增大了城市化的不確定性；體制轉軌推動城市化進程；資源枯竭、生態環境惡化、全球氣候變化等對城市化帶來長期影響。中共中央在「十二五」規劃綱要中指出：要「積極穩妥地推進城鎮化，優化城市化佈局和形態，加強城鎮化管理，不斷提升城鎮化的質量和水平」。要求中國的城市建設必須走一條具有中國特色的、可持續發展的道路，以全面健康的城市化促進中國整體全面發展。

正因如此，本書從人口學的角度出發，基於對可持續發展理論和城市化等相關理論的認識，針對以往非均衡的城市化發展給城市的發展以及生態、環境等均帶來的負面影響，並結合國內外城市化實踐的經驗，提出要走「人口均衡城市化」的發展道路。

首先，本書從人口均衡理論出發對「人口均衡城市化」進行概念界定，並對人口均衡城市化道路的內涵和思路進行詳細闡述，包括城市內部的均衡、城市之間的均衡，以及城市與經

濟社會、資源、環境之間的均衡。

其次，深入分析人口均衡城市化的動力機制，並試圖建立相應的評價指標。信息化、工業化、城鄉一體化是推動人口均衡城市化發展的主要動力，通過理論分析，建立一系列有關人口均衡城市化發展的評價指標，並建立數量模型。

再次，分析當前中國人口均衡城市化發展進程中面臨的失衡問題：人口數量、質量、結構特別是老齡化對人口均衡城市化建設的影響；農村剩余勞動力轉移的壓力；資源、環境與城市化發展的相互制約；城市貧困人口問題對城市發展造成的阻礙；城市佈局和功能定位不當對城市發展造成的影響；中國的城市規模與產業結構分析等。

最后，提出人口均衡城市化的道路選擇和相應的公共政策。突破行政區域界限，實現多城市聯動，平衡城市結構，實施統籌城鄉的發展，實現城市基本公共服務均等化，真正做到城市均衡發展。

本書採用定性分析、定量分析和系統分析相結合的方法。一方面以人口學和經濟學為基礎，對人口均衡城市化進行理論分析；另一方面以計量經濟學和人口統計學為依據，利用統計數據進行實證研究，實現學科方法的交叉。以人口均衡發展理論、城市化理論等作為研究基礎，搜集相關數據，通過建立模型進行數據分析，並結合中國人口和經濟社會、資源環境發展狀況來分析人口均衡城市化。通過橫向和縱向的統計數據進行分析比較，以統計數據作為理論闡述的佐證，在靜態比較和動態分析中重新認識城市化及其未來走勢。

本書在以下方面進行了重點研究，並試圖實現突破和創新：第一，提出「人口均衡城市化」的概念。以人口均衡發展理論和城市化理論為基礎，提出人口均衡城市化的概念，並對其內涵和發展思路進行詳細闡釋。實現學科的交叉與融合，做到從

多方位多角度分析問題。第二，通過建立數量模型揭示城市內部，城市與人口、經濟、社會、資源、環境之間均衡的數量關係，並找出城市化發展變化趨勢。基於以往中國非均衡城市化發展過程中產生的諸多負面影響，本書從可持續發展和人口均衡發展的角度，建立人口均衡城市化的理論模型。

盧繼宏

目　錄

1　緒論 / 1

　1.1　人口均衡城市化研究的意義和內容 / 1

　　1.1.1　問題的提出 / 1

　　1.1.2　研究的目的和意義 / 6

　　1.1.3　研究的主要內容、思路和方法 / 8

　　1.1.4　研究的創新之處和后續研究問題 / 10

　1.2　人口均衡城市化理論研究綜述 / 12

　　1.2.1　國內外傳統城市化理論研究綜述 / 12

　　1.2.2　國內外傳統城市化發展相關研究綜述 / 24

　　1.2.3　人口均衡城市化研究綜述 / 29

　　1.2.4　研究述評 / 30

2　國內外城市化進程與發展目標轉換 / 32

　2.1　國外城市化發展的歷程 / 32

　　2.1.1　發達國家的城市化進程 / 33

2.1.2　發展中國家的城市化進程 / 37

2.1.3　世界城市化帶來的啟示 / 39

2.2　中國城市化建設的歷程 / 42

2.2.1　新中國成立以來中國的城市化建設 / 43

2.2.2　中國城市化建設的新趨勢 / 47

2.3　對城市化理論的再認識 / 50

2.3.1　城市化的內涵 / 50

2.3.2　城市化水平的度量 / 55

2.3.3　城市化的演化規律 / 56

2.3.4　城市化發展目標的轉換 / 60

3　人口均衡城市化的提出與評價指標 / 62

3.1　人口均衡城市化的概念及內涵 / 62

3.1.1　人口均衡城市化的提出 / 62

3.1.2　人口均衡城市化的概念 / 67

3.1.3　人口均衡城市化發展的形態 / 75

3.1.4　人口均衡城市化的基本特徵 / 77

3.1.5　人口均衡城市化的基本原則 / 79

3.2　人口均衡城市化的指標體系及評價 / 81

3.2.1　構建人口均衡城市化指標體系的原則 / 81

3.2.2　人口均衡城市化指標體系的總體框架 / 82

3.2.3 人口均衡城市化發展的評價方法 / 87

4 中國主要城市人口均衡城市化水平評價分析 / 89

4.1 人口均衡城市化評價模型分析 / 89

4.1.1 評價模型的構造 / 90

4.1.2 模型參數估計及因子旋轉 / 92

4.2 指標選擇及樣本數據來源 / 93

4.3 實證結果解釋 / 94

4.3.1 公因子選擇及其實際意義 / 94

4.3.2 樣本城市的人口均衡城市化程度分析 / 96

5 人口均衡城市化發展面臨的基本問題 / 100

5.1 人口問題影響人口均衡城市化的發展 / 100

5.1.1 人口眾多，素質偏低 / 100

5.1.2 人口老齡化 / 104

5.1.3 農村剩余勞動力轉移壓力大 / 105

5.1.4 城鄉矛盾突出，二元結構明顯 / 110

5.1.5 城市的貧困人口問題 / 112

5.2 資源和生態環境對人口均衡城市化的約束 / 117

5.2.1 資源問題限制著人口均衡城市化的發展 / 117

5.2.2 城市化速度過快帶來的生態環境問題 / 125

6 人口均衡城市化的路徑選擇 / 130

6.1 城鄉一體化：人口均衡城市化的城鄉關係選擇 / 130

6.1.1 非均衡的城鄉二元結構阻礙了城市化發展 / 130
6.1.2 城鄉一體化：人口均衡城市化模式的轉變 / 132
6.1.3 推進城鄉一體化發展的思路 / 134

6.2 資源環境約束下的人口均衡城市化發展道路 / 138

6.2.1 城市化發展對資源環境的影響 / 138
6.2.2 對傳統的粗放式城市化道路的反思 / 140
6.2.3 人口均衡城市化下集約型發展道路選擇 / 141
6.2.4 人口均衡城市化下集約型城市化發展思路 / 141

6.3 城市化綜合質量的全面提升 / 142

6.3.1 農民市民化 / 142
6.3.2 公共服務均等化 / 143
6.3.3 深度城市化 / 145

參考文獻 / 146

附　錄 / 159

1 緒論

1.1 人口均衡城市化研究的意義和內容

1.1.1 問題的提出

城市化是經濟社會不斷發展的必然趨勢，也是衡量一個國家和地區經濟社會發展水平的重要標志之一。中國自改革開放以來，城市化的發展進程隨著經濟的快速發展也在明顯加速，城市化水平提高顯著。城市化的快速發展在影響著中國經濟增長和發展的同時，也影響著世界的經濟發展，受到全世界的關注。

改革開放三十多年來，中國的城市化幾乎是以同期世界城市化發展兩倍的速度在快速發展。但是，與世界發達國家相比，中國的城市化水平總體上仍然偏低。根據世界銀行的統計，1995年世界高收入國家城市化率平均在70%以上，中等收入國家為60%～65%，低收入國家為30%～35%。而中國2010年的城市化率為47.5%，與中等收入國家和高收入國家的城市化水平差距很大。中國城市化發展滯后於工業化發展這種局面，已經嚴重制約了中國的經濟發展，阻礙了國家綜合競爭力的提高，成為知識經濟時代新一輪財富集聚的瓶頸。

中國的城市化表現出世界城市化的一般規律，但是與發達國家數十年甚至上百年前城市化面臨的社會歷史條件相比，發生了根本性的變化。中國城市化發展相對滯后，更多是由其自身的特殊性所決定的。

第一，中國的人口基數大，農村人口向城鎮人口轉變的總量大。儘管經過三十多年的快速發展，中國城鎮人口的比重有了較大提高，但農村人口仍然十分龐大，2010年農村人口總數為70,398萬人，占總人口的52.50%。同時，伴隨著農村人口向城鎮的遷移，數以億計的流動人口對城市及其各項基礎設施、公共服務供給帶來嚴峻挑戰。

第二，體制轉軌有力地推動了城市化的發展進程。改革開放前所採取的以城鄉分割為顯著特徵的二元管理體制，限制了人口流動。隨著改革開放的深入，這些政策的執行力度逐漸減弱，甚至取消了一些政策，開始了體制轉軌。伴隨著大規模的人口城市化，這種二元管理體制使城市化發展更加具有中國特色。戶籍制度等造成城鄉二元結構的制度政策，雖然使中國未因大規模的人口流動而出現大量貧民窟，但也讓中國的城市化並不完整。而且，中國的城市化發展是市場驅動和政府拉動共同作用的結果，特別是地方政府熱衷於通過加快推進城市建設達到經濟增長的目的。①

第三，經濟全球化增大了中國城市化發展的不確定性。從國際環境來看，伴隨著經濟全球化的深度和廣度的進一步擴展，各國之間的相互交流越來越密切，相互影響也越來越大。隨著對外貿易的全面展開，中國與發達國家各方面的交往越來越頻繁，加速了發達國家先進科學技術、生產工藝及管理經驗與中

---

① 相偉：中國城鎮化進程及未來發展趨勢[J].城市管理與科技，2011（2）：22.

國現代化生產的結合，中國的生產日益成為世界生產的重要環節。但是，也要看到國際分工對中國的鎖定效應也比較明顯，當前中國更多的是依靠國際貿易的方式推進經濟發展和城市化發展，經濟發展和城市化所面臨的不確定性增大。

第四，資源短缺、生態環境惡化和全球氣候變化等給城市化發展帶來長期影響。儘管中國的資源總量較大，但由於人口基數大，人均資源佔有量卻遠遠低於世界平均水平。以水資源為例，中國人均淡水資源數量少且分佈不均勻，目前全國約有200個城市嚴重缺水。水資源缺乏已經成為影響城市發展的關鍵因素之一。另外，宜居程度較高的土地僅占國土面積的20%左右，而且這些土地與優質高產耕地區位分佈具有空間重疊性，造成城市建設用地擴張與耕地保護間的潛在矛盾。與經濟高速增長對應，人均資源的消耗量也在急遽上升，資源供給壓力增大，造成了生態環境的惡化，不利於城市化可持續健康發展。同時，全球氣候變化等對城市化的影響也較為深遠。城市化是一個長期發展變化的過程，城市的佈局和形態等基本確定後，在短時期內很難大規模變動。因此，在應對諸如氣候變化、資源與環境等全球性問題時，對城市化的要求就更多、更複雜，必須堅持走低碳型的城市化道路。

受到上述條件的制約，中國的城市化除具有其他國家城市化發展的共性外，還有其特殊性，這就要求中國的城市化必須走具有中國特色的、可持續發展的道路，以促進經濟社會的全面健康發展。

但是，在中國的城市化發展過程中，一直走的是非均衡的發展道路。由於過分關注城市化率的提高，對城市化的質量重視不夠，再加上受國家宏觀經濟政策及城市化戰略的影響，城市化發展過程中累積了諸多問題。

第一，城市化的質量較差、城市的規模結構不合理。大多

數城市在城市規劃的剛性、城市規劃的執行力度以及城市建設管理上都存在諸多問題。城市中存在的「城中村」現象，反應出城市發展模式粗放、可持續性差的特徵。城市內部的功能分區比較混亂，盲目外擴，致使城市的核心區、中間區、邊緣區、郊區和郊縣的關係混淆不清。與國際普遍情況相比，中國大、中、小城市結構不合理，大中城市特別是人口數量在 100 萬～200 萬的大型城市集中的人口比例明顯偏低，城市群的發展也還剛起步，城市之間的交流與相互影響的程度較低，城市的聚集效應較小。同時，在城鎮的宏觀區域佈局上存在城市少、鄉村多和建制鎮規模偏小的問題。

第二，城鄉發展不協調，特別是存在失地農民問題。隨著城市規模的擴張和城市功能的提升及完善，在城市化的過程中讓大量城郊接合部的農民失去賴以生存的土地。城市化本應是失地農民轉變為城市居民、生活和就業實現城市化的過程，然而，受地方政府追求政績和經濟利益的驅動，加之缺乏相應的法律法規保障，造成失地農民在土地被徵用的過程中權益流失，失去了土地后也失去了生存的基礎。[①] 這不僅制約了中國城市化的健康發展，更嚴重危害到了社會的和諧穩定。

第三，日益突出的資源和生態環境問題，造成人口、經濟、社會、資源與環境之間發展的不協調。中國許多地區的城市開發強度都高於發達國家，城市化不僅占用了大量的耕地，還對水資源和能源資源等造成較大壓力，各城市普遍存在空氣污染嚴重、環境質量下降的問題。城市化發展過程中出現的資源緊缺、資源浪費以及資源利用低下等問題，已經影響到了中國城市化的可持續發展。城市人口劇增使生產和生活用水量上升，

---

① 盧繼宏，郭建軍：政府在失地農民權益保障中的角色定位 [J]．農村經濟，2008（2）：67-68．

加上江河湖泊等地表水及地下水質遭到污染，目前全國655個城市中有近400個城市缺水，其中約200個城市嚴重缺水。城市的用地需求量大與可供土地短缺的矛盾日益尖銳，耕地總量不斷減少、城市建設用地緊張和浪費、粗放式的城市發展模式，都阻礙了城市綜合質量的提高和功能的正常發揮。在城市化快速發展的同時，水污染、空氣污染、固體廢棄物污染、交通擁堵等問題也越來越嚴重。據測算，過去十年中國全境（不包括港澳臺地區）僅海南、黑龍江、西藏、內蒙古四省區的PM2.5[①]污染物地表濃度年平均值達標，其餘各省區市的PM2.5年均濃度都高於世界衛生組織（WHO）建議的水平。[②] 人口和工業生產活動高度集中在城市，城市環境的自淨化能力無法負擔大量的生活和生產廢棄物，導致城市的生態環境質量下降，城市化發展陷入生態困境。

第四，城市化發展存在著非均衡問題。儘管中國的城市化進程速度較快，但城市化發展卻存在非均衡的狀況。這種不均衡，一方面是城鎮體系分佈的不均衡，中國的城鎮體系呈啞鈴形的結構，即「兩頭大、中間小」，外部成本大的超大城市和規模經濟效益小的小城鎮數量多，而規模經濟效益最好的中等城市數量較少。同時，東部地區和中西部地區城市化水平也存在較大差距。另一方面是空間城鎮化快於人口城鎮化，1996—2009年，中國城鎮人口從3.73億增加到6.22億，增長66.7%，但同期的城鎮建設用地面積卻從1.3萬平方千米擴大到5.7萬平方千米，增長338.46%。城鎮建設用地面積的增長快於城鎮人

[①] PM2.5也就是空氣中直徑小於等於2.5微米的可吸入顆粒物。這種細小顆粒物能夠滲入人體肺部組織和血液，帶來哮喘、癌症、心血管疾病等健康隱患。據測算，中國31個省、自治區和直轄市中，大多數地區的人口加權細顆粒物污染濃度都超過了世衛組織建議的每立方米10微克的年均空氣質量標準。

[②] 參見http://green.sina.com.cn/news/roll/2012-02-21/124723967226.shtml。

口的增加，城鎮化被錯誤地執行為城鎮建設，片面追求城鎮土地面積的擴張，造成土地資源的浪費。此外，城市發展的不均衡還表現為城鎮化的不完整。目前，中國有1.67億的農民工被統計到城鎮人口中，但這部分人並沒有享受到城鎮所提供的公共產品和服務，農民工參加社會保障的參保率偏低，這成為城鎮化過程中面臨的最大障礙。一些地區通過行政區劃調整的方式，簡單地將區域內的農民整體轉為市民，由於缺乏就業崗位、公共服務等方面的配套投入，使得這部分人的生產和生活方式沒有發生實質性改變，他們與完整意義上的城鎮居民的生活水平相差甚遠。

正因如此，針對以往非均衡的城市化發展給城市的人口、社會、經濟發展以及生態、環境等帶來的負面影響，並結合國內外城市化實踐的經驗，本書提出「人口均衡城市化」這一發展方式，主張城市的發展要與農村的發展相協調；農村人口向城市遷移的規模、結構和質量等要與城市發展相協調；城市人口的規模、結構和質量要與經濟、社會發展相協調，與資源環境承載力相適應；城市之間、城市群之間的功能和結構也要協調發展，實現區域間協調發展的最優狀態。

1.1.2 研究的目的和意義

進入21世紀，中國的城市化發展面臨更加複雜的環境：經濟全球化縮短了地區間的差距，衝擊著各個國家的經濟發展與城市化格局；知識經濟和信息經濟時代，國家之間的競爭已經變為知識、人才、科技和產業的競爭，變成集聚著產業、金融、貿易、信息、科技、人才等的城市、城市群間的競爭；隨著全面建成小康社會的展開，要求走新型工業化道路，進一步推進市場經濟體制改革；全球氣候變化帶來的生產生活上的變化，要求人口、資源、環境協調發展和可持續發展。

首先，城市發展面臨著壓力和挑戰。這些壓力可以概括為人口與就業的壓力、土地資源供應的壓力、水資源和能源的壓力、生態環境改善的壓力、基礎設施配套壓力、社會保障體系壓力和公共服務完善的壓力等。①

其次，城市發展戰略的調整。過去一段時間，城市化有了較快的發展，但是傳統的城市化造成的城鄉分離、城際分離，對全面建成小康社會、實現共同富裕目標帶來了阻礙。今後，城市化的發展戰略應該更加強調發展的質量和效益。城鎮化進程應由點狀聚集走向高水平的相對均衡，實現城市反哺農村、城鄉經濟一體化，逐步縮小城鄉差距。

再次，城市的能源消耗也面臨著巨大的考驗。城市建設本身就是一個耗能、耗地、耗資源的過程，因此，今後應堅持將節能減排作為低碳經濟約束性指標，在增長方式上按照減量化、再利用資源化原則，追求以創新為主要驅動力的集約型經濟發展模式，走城市可持續發展之路。

最后，城市化是一個歷史發展過程，城市化的特徵和表現形式會隨著社會發展階段的不同而發生相應變化。與發達國家數十年甚至上百年前城市化的歷史條件相比，中國的城市化面臨著更多的約束條件：農村人口向城市人口轉變的總量大；經濟全球化增大了城市化的不確定性；體制轉軌推動著城市化的進程；資源枯竭、生態環境惡化和全球氣候變化等，將會長期影響城市化的發展。中共中央在「十二五」規劃綱要中指出：要「積極穩妥地推進城鎮化，優化城市化佈局和形態，加強城鎮化管理，不斷提升城鎮化的質量和水平」。要求中國的城市化發展必須走一條具有中國特色的、可持續發展的道路，要以全面健康的城市化來促進中國經濟社會的全面發展。

---

① 牛文元. 城市可持續發展：全球與中國 [J]. 中國名城，2008（02）.

1.1.3 研究的主要內容、思路和方法

1.1.3.1 研究的主要內容和思路

本書基於對可持續發展理論和城市化等相關理論的認識，首先從人口均衡理論出發定義「人口均衡城市化」，並對人口均衡城市化道路的內涵和思路進行詳細闡述。其次深入分析人口均衡城市化的動力機制，通過理論分析建立有關人口均衡城市化發展的評價指標體系，並建立數量模型。在分析當前中國人口均衡城市化發展進程中面臨失衡問題的基礎上，提出人口均衡城市化的道路選擇和相應的公共政策。

本書共由六章組成，基本內容安排如下：

第一章緒論，簡要介紹了本書的寫作背景，以及在當前提出建設「環境友好型社會、資源節約型社會和人口均衡發展型社會」的背景下，推進人口均衡城市化發展的重要意義；對以往的有關城市化的理論和研究進行了系統的梳理和評價；介紹了本書研究的基本內容、思路和方法。

第二章對國內外的城市化發展實踐和理論進行了回顧，分別對發達國家和發展中國家的城市化發展進行了概括總結和特徵描述，並從中得出世界城市化發展的經驗教訓及其對中國城市化發展的啟示。在回顧中國的城市化建設歷程中，總結了中國城市化建設的經驗，並對今後的城市化發展趨勢進行了展望。此外，還對城市化的理論進行了再認識，對城市化的發展演化規律進行了分析，為人口均衡城市化發展的研究提供了基本的理論依據。

第三章對人口均衡城市化的理論進行了深入探討。從人口均衡理論出發對「人口均衡城市化」進行概念界定，並對人口均衡城市化的內涵和原則進行詳細闡述。在深入分析人口均衡城市化內涵的基礎上，通過理論分析，建立一系列有關人口均

衡城市化發展的評價指標體系，並建立數量模型。

第四章根據前面建立的人口均衡城市化發展評價指標體系，利用統計年鑒的數據，對中國的直轄市和各省會城市的人口均衡城市化發展水平進行評價，得出的結論符合實際發展狀況，進一步驗證了指標體系的科學性和合理性。

第五章分析了當前中國人口均衡城市化發展進程中面臨的失衡問題：人口數量、質量、結構特別是老齡化對人口均衡城市化建設的影響；農村剩余勞動力轉移的壓力；資源、環境與城市化發展相互制約；城市貧困人口問題對城市發展造成的阻礙等。

第六章提出人口均衡城市化的道路選擇和相應的公共政策。在推進人口均衡城市化發展的過程中，要實現城鄉一體化關係的轉變；在資源環境的約束下走集約型城市化的發展道路；通過農民市民化、公共服務均等化和深度城市化的推進，全面提升城市化的綜合質量。突破行政區域界限，實現多城市聯動，平衡城市結構，實施統籌城鄉的發展，實現城市基本公共服務均等化，真正做到城市的均衡發展。

本書內容的邏輯結構示意圖見圖1-1。

1.1.3.2 研究方法

本研究採用了定性分析、定量分析和系統分析相結合的方法。一方面以人口學和經濟學為基礎，對人口均衡城市化進行理論分析；另一方面以計量經濟學和人口統計學為依據，利用統計數據進行實證研究，實現學科方法的交叉。

規範分析與實證分析相結合。以人口均衡發展理論、城市化理論等作為研究基礎，搜集相關數據，通過建立模型進行數據分析，並結合中國人口和經濟社會、資源環境發展來分析人口均衡城市化。

靜態分析與動態分析相結合。通過橫向和縱向的統計數據

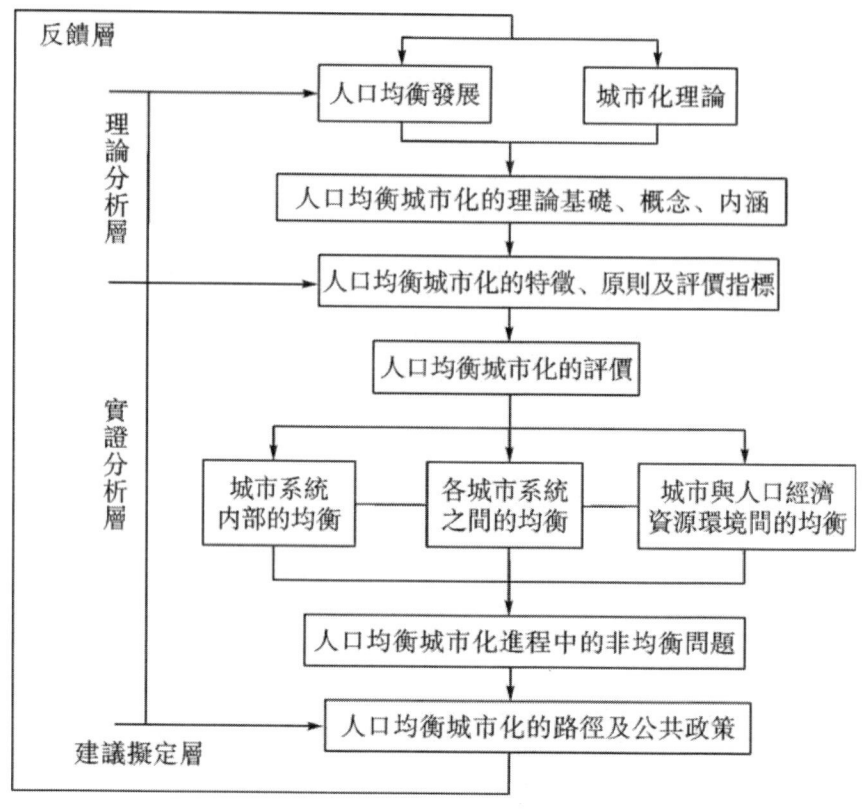

圖1-1　本書內容的邏輯結構

進行分析比較，以統計數據作為理論闡述的佐證，在靜態比較和動態分析中重新認識城市化及其未來走勢。

1.1.4　研究的創新之處和后續研究問題

1.1.4.1　研究的重點和創新點

第一，提出「人口均衡城市化」的概念。以人口均衡發展理論和城市化理論為基礎，提出人口均衡城市化的概念，並對其內涵和發展思路進行詳細闡釋。實現學科的交叉與融合，做到多方位多角度分析問題。

現有文獻大多是從人口學、經濟學、社會學、制度變遷以

及地域空間等角度來界定城市化。基於中國城市化發展的現實約束條件，本研究從人口均衡發展的視角來界定人口均衡城市化，即在城市化發展進程中，農村人口向非農產業轉移的人口規模、內部結構與城市發展相適應；城市人口的規模、結構和質量與社會經濟發展相協調、與資源環境承載力相適應；充分發揮城市的功能和效應，並實現大中小城市佈局合理、分工協作、功能互補、區域間協調共進的最優發展狀態。

第二，通過建立數量模型，揭示城市內部，城市與人口、經濟、社會、資源、環境之間均衡的數量關係，並探尋城市化發展的變化趨勢。

現有的關於城市均衡運行的研究，大多是從城市的經濟效益、成本-收益（投入-產出）及綜合因素等相關角度去探討最優的城市規模。這種分析方法是以經濟學中最大化原則為出發點的，沒有考慮資源環境對城市化發展的制約作用。其結果偏向於城市的經濟效應，忽視了城市對環境的污染和資源的消耗。基於以往中國非均衡城市化發展過程中產生的諸多負面影響，本研究從可持續發展和人口均衡發展的角度，首次建立人口均衡城市化的理論模型。

1.1.4.2 本書的不足之處及后續研究問題

第一，受統計數據的限制，本研究的城市樣本僅限於地級及以上城市。儘管這些城市可以代表中國城市的主流，但占城市數量比重較大的縣級市和建制鎮沒有納入進來，對研究結論會造成一定影響。

第二，受統計指標的限制，在擬合資源能源和環境質量等變量時，所選取的指標還有待進一步補充。例如：在擬合資源能源消耗變量時，對城市所消耗的鋼材、水泥等資源沒有體現出來；在擬合環境質量指標時，噪音污染僅有環境噪聲的達標面積一項指標，而某項指標的缺失可能會影響到計量結論的說

服力。

第三，本研究所提出的人口均衡城市化評價的模型也僅僅是做一次理論的探討和嘗試，還有許多問題需要進一步深入研究。比如，採用什麼樣的指標體系是合理的，應該包含多少指標，選用哪些指標更加合理，這些問題都很難有一個完全客觀的標準，還需要做深入研究。

1.2 人口均衡城市化理論研究綜述

1.2.1 國內外傳統城市化理論研究綜述

1965年美國經濟學家湯普森（Wilbur Thompson）出版了《城市經濟學導論》一書，標誌著西方城市經濟學正式誕生。在城市產生、形成和發展的過程中，由於發展要素的大量聚集，城市發展速度逐漸超過了鄉村，導致城鄉非均衡發展格局和城鄉二元結構的形成。在這種情況下，人們逐漸體會到了在城市工作和生活的優越性，開始從鄉村遷移到城市。這既為城市的進一步發展壯大注入了活力，也給城市帶來了許多無法迴避的問題，特別是城市生態環境與環境保護問題日益受到廣泛關注。與此同時，不斷增長的城市人口與日益突出的城市問題，也讓城市規劃和城市管理變得愈加重要和複雜。

1.2.1.1 非均衡增長理論

非均衡增長理論也就是區域經濟發展的極化理論，主要包括中心地理論、增長極理論、循環累積理論、核心區與邊緣區理論和中心-外圍模型等。

（1）中心地理論。1933年德國城市地理學家克里斯塔勒（W. Christaller）在其出版的《德國南部中心地原理》一書中，

对中心地理論進行了較為詳盡的闡述。他認為，一個區域的發展必須要有自己的核心，其由若干個大小不同的城市組成，每個城市大都位於其服務區域的中央，被稱為「中心地」。中心地的等級由中心地所提供的商品和服務的級別決定。中心地的等級決定中心地的數量、分佈和服務範圍。中心地的規模與其級別成正比，與其數量成反比。中心地的等級性還表現為每個高級中心地都會附屬幾個中級中心地和更多的低級中心地，進而形成中心地體系。高效地組織物質財富生產和流通的空間結構，必然是以城市為中心並相應構成多級市場的網路體系。這種以城市為中心的優越的市場空間結構，對產業的配置將產生巨大的吸引力。

由中心地理論可以看到，城市是一個地區發展的「中心地」，每個中心地都有一定的輻射半徑，在這個地區內，各個級別的中心地串聯在一起，構成了該地區的城鎮體系。分工合理、功能互補的城市體系，將為產業發展提供極大的市場空間和必要的空間載體。

（2）增長極理論。增長極理論最初由法國經濟學家弗朗索瓦·佩魯（Francois Perroux）在20世紀50年代提出。佩魯在其發表的一系列論文中論證了經濟增長不是遵循均衡路徑，而是源於一個所謂的「推動型單元（Propulsive Unit）」。所謂的推動型單元是一個經濟部門，它超過平均水平強勁增長並通過其他部門緊密聯繫產生影響，進而以這樣的方式推動整個經濟發展。推動型單元的推動力主要通過兩種形式形成：一是通過實現內部經濟和外部經濟，降低成本，拓寬市場，擴大影響；二是通過產品創新和生產過程創新，獲得創新利潤，並將其投入繼續創新的活動中，鞏固推動型單元的優勢地位。推動型單元對其他經濟部門的影響包括積極的「推動效應」和消極的「制

動效應」。①

　　基於佩魯的認知可以看出，經濟活動在空間上不會同時分散到各地，而是集中於少數幾個城市，進而形成區域發展中的增長極，帶動整個區域的發展。城市憑藉優勢能夠吸引鄉村的生產要素，在促進自身發展的同時帶動鄉村的成長。但是，若生產要素在城市過度聚集，城市的輻射帶動作用無法擴散到鄉村，鄉村的發展也將因此受到阻礙。

　　后來法國經濟學家布代維爾（J. B. Boudeville）將增長極理論引入區域經濟理論中，此后，瑞典經濟學家繆爾達爾（Gunnar Myrdal）、美國經濟學家赫爾希曼（A. O. Hirschman）和弗里德曼（John. Frishman）分別在不同程度上豐富和發展了這一理論，使區域增長極理論成為西方區域經濟學中經濟區域觀念的基石。

　　（3）循環累積理論。循環累積理論又叫循環累積因果理論，是由瑞典經濟學家繆爾達爾在1957年提出的。在《經濟理論和不發達地區》一書中，繆爾達爾指出循環累積的因果關係是導致區域間「二元經濟結構」出現的主要原因。從該理論與城市化聯繫的角度看，在一個地區的發展過程中，城市和鄉村之間客觀存在的發展差異會進一步導致城市發展速度快於鄉村，進而這種發展差異進一步拉大。如此繼續循環累積下去，將會不斷拉大城市和鄉村的發展差距。

　　在循環累積的過程中會有兩種相反的效應存在，即「回流效應」和「擴散效應」。回流效應是指由於受到城市較高收益率的吸引，鄉村的勞動力、技術、資本、資源等要素向城市不斷聚集的現象；擴散效應則是城市發展到一定程度后，由於人口

---

① 陳秀山，張可雲. 區域經濟理論 [M]. 北京：商務印書館，2003：197-198.

稠密、交通擁擠、資源相對不足、生產成本上升等,城市的資金和勞動力向周邊鄉村地區流動,以鄉村的發展來獲得更高的邊際收益。① 繆爾達爾等人認為區域經濟能否協調發展,關鍵取決於兩種效應孰強孰弱。在發展中國家和地區經濟的起飛階段,回流效應都要大於擴散效應,造成城鄉發展差距不斷拉大,區域經濟難以協調發展。要促進區域經濟協調發展,必須有政府的有力干預。這一理論對於發展中國家解決地區經濟發展差異問題具有指導作用。

(4) 核心區與邊緣區理論。1958年美國經濟學家赫爾希曼出版了《經濟發展戰略》一書,他在書中提出了核心區與邊緣區理論。赫爾希曼認為發展是一種不平衡的連鎖演變過程,他主張發展中國家應當有意識地採取非均衡增長的發展戰略,集中力量發展某些重點產業部門,並通過這些關鍵產業與其他產業間的聯繫,進而促進整體經濟發展。該理論的中心思想與繆爾達爾的循環累積理論大體一致,其提出的「極化效應」和「涓滴效應」的解釋也與繆爾達爾的「回流效應」和「擴散效應」基本相同。兩者的區別在於,赫爾希曼認為長期的「涓滴效應」會阻止城鄉差距的進一步擴大,從而縮小城鄉間的發展差距。

(5) 中心-外圍模型。美國經濟學家弗里德曼在其發表的論文《極化發展的一般理論》中,對中心-外圍理論進行了探討。他以創新為出發點,認為區域發展是通過一個不連續的但又逐步累積的創新過程實現的,發展通常源於區域內少數的「變革中心」,創新由這些中心向周邊地區擴散,周邊地區依附於中心獲得發展。在經歷了前工業化階段、工業化初期階段和工業化成熟階段后,區域發展能夠達到空間經濟一體化的理想狀態。

---

① 陳秀山,張可雲. 區域經濟理論 [M]. 北京:商務印書館,2003:201.

從區域發展的規律來看，一個地區變革中心的角色往往是由城市來扮演的，鄉村則依附於這些中心而得到一定的發展。從實質上看，中心-外圍模型是城鄉二元結構的空間表現形式，城市的中心性和鄉村的依附性在城鄉發展過程中不斷得到強化。在空間一體化階段，城鎮體系將更加合理和完善，資源要素在城鄉間實現全方位流動，並最終走向城鄉一體化發展。

1.2.1.2　二元經濟結構理論

（1）劉易斯和拉尼斯-費景漢模型。1954年劉易斯（A. Lewis）發表《勞動力無限供給條件下的經濟發展》一文。文中首次提出二元經濟結構理論，用兩部門結構發展模型揭示發展中國家經濟發展過程中的結構變化規律，即發展中國家存在著現代城市工業體系和傳統農村經濟體系兩種不同的經濟體系，由此便構成了城鄉二元的經濟結構。

現代城市經濟的擴張可以通過四種方式使傳統農村經濟受益，但也可能會對其產生不利影響：第一，城市經濟為農村剩餘勞動力提供就業崗位，提高其收入。如果農村勞動力不足，那麼城市對農村勞動力的吸引將不利於農村經濟的發展。第二，農村人口可以在支付邊際成本或較低費用的情況下，分享城市的基礎設施和公共服務。第三，農村人口進入城市後，其生活方式、思想觀念、個人素質等方面將得到極大的提升。第四，城鄉的生產力發展是相互依賴、相互影響的。城市人口必需的農產品依賴於農村，城市的發展壯大和城市人口的增加也要求農產品的生產規模隨之擴大。

1961年，拉尼斯（Gustav Ranis）和費景漢（John C. H. Fei）在《經濟發展的一種理論》一文中對劉易斯的模型進行了改進，提出農村剩餘勞動力的出現和向城市轉移的前提條件是農業生產率的大幅提高。他們更加強調農村經濟對城市經濟的貢獻，即農村既為城市非農產業的發展提供必要的剩餘勞動力，

又滿足城市擴張后新增非農勞動力對農產品的需求。如果沒有這樣的保證，勞動力的轉移就會受到影響。因此，在推進城市化的過程中，政府應重視農業在城市經濟發展中的推動作用。

（2）喬根森模型和邁因特模型。1967年喬根森（D. Jorgenson）在《剩余農業勞動與二元經濟發展》一文中，對二元經濟結構進行了深入研究，在劉易斯、拉尼斯和費景漢的基礎上，更加突出農業剩余在城市經濟發展中的決定性作用。

1985年邁因特發表了一篇題為《組織二元結構與經濟發展》的文章，提出了組織二元結構理論。邁因特認為，二元現象首先是一種不發達組織框架的產物，不僅市場網路發育不健全，而且政府的行政制度和財政制度也不健全。這種二元性主要表現在產品市場、資本市場、勞動力市場以及政府的行政和財政機構四個方面。[①]

1.2.1.3 人口遷移理論

（1）「推-拉」定理。1880年英國學者雷文斯坦（E. Ravenstien）在其論文《人口遷移之規律》中，以遷移機制、結構和空間特徵為出發點，從經濟、城鄉、性別、年齡、距離、遞進和雙向七個方面提出人口遷移的七大定律。1959年，唐納德·J. 博格（D. J. Burge）提出了人口推-拉理論。博格認為，人口遷移之所以發生，是因為遷移者受到原住地的「推力」和遷入地的「拉力」，人口遷移的結果就是推力和拉力相互作用的結果。此后，赫伯爾、李（E. S. Lee）等人對推-拉理論進行了補充和完善。

可以看到，農業生產率的提高解放了大量的農村勞動力，成為農民進城的主要推動力，同時農村經濟不景氣也可能成為人口遷移的主要「推力」。城市和農村之間在就業、收入、教

---

① 馬春文，張東輝. 發展經濟學 [M]. 北京：高等教育出版社，2007.

育、生活條件、醫療衛生、公共設施等方面的差異，對農村剩余勞動力產生了巨大的「拉力」。當前，隨著農民市民化問題的日益凸顯，如何通過更多的政策扶持和資金投入為農民在城鎮落戶、安居樂業，成為政府必須重視和亟待解決的問題。

（2）人口遷移轉變假說。根據澤林斯基（Zelinsky, 1971）的「人口遷移轉變假說」理論，在現代經濟發展歷程中，人口遷移的規模和流向既與社會經濟發展條件有關，也與人口出生率和死亡率的轉變密切相關。該理論將社會發展分為現代化以前的傳統社會、早期轉變社會、后期轉變社會、發達社會和未來發達社會五個階段，並對不同階段中人口遷移流動的主要特徵進行分析。其中，在早期轉變社會，人口遷移全面展開，大規模的人口由農村遷移至城市的主要原因是生育率迅速上升所導致的人口迅速增長。接下來，隨著生育率的穩定和下降，人口遷移流動的趨勢減緩，取而代之的是城市之間和城市內部的人口遷移。[①]

人口遷移轉變假說主要從歷史發展的角度出發，對不同歷史時期的人口遷移流動規律進行研究，在人口遷移理論中占據重要地位，同時也為我們從城市化歷史發展階段的角度出發，研究人口遷移流動的規律提供了重要的理論和方法。

（3）配第-克拉克定理。配第-克拉克定理是關於經濟發展過程中就業人口在三次產業中的分佈結構及如何變化的理論。這一理論由配第首先提出，后經由英國經濟學家克拉克加以驗證並總結。克拉克在其1940年出版的《經濟進步的條件》中提出，隨著經濟的發展，即隨著人均國民收入水平的提高，勞動力首先由第一產業向第二產業轉移；當人均國民收入水平進一

---

① 段成榮. 人口遷移研究：原理與方法 [M]. 重慶：重慶出版社，1998：79-81.

步提高時，勞動力便向第三產業轉移。由此可見，人均國民收入水平是決定就業人口在三次產業分佈的核心因素，其水平越高，第一產業勞動力所占比重相對越小，第二、第三產業勞動力所占比重相對越大。

第二、第三產業的培育和發展是提升城市綜合經濟實力的核心要件。基於配第-克拉克定理，要千方百計提高人均國民收入，才能為城市各產業中就業人口結構的優化調整奠定良好的現實基礎，即從第一產業中釋放更多的勞動力，有效滿足第二、第三產業發展對勞動力的需求，進一步推動城市經濟發展。

(4) 托達羅的城鄉人口遷移模型。相對於劉易斯和拉尼斯-費景漢模型，托達羅模型則是從個體微觀角度研究發展中國家城鄉人口遷移的理論模型。托達羅認為，一個農業者的遷移決策，不是取決於城鄉實際收入的差異，而是取決於預期收入的差距，同時還取決於城市的就業率或失業率。在任一時期，遷移者在城市找到工作的概率與城市新創造的就業機會成正比，與城市失業人數成反比。

托達羅模型的政策含義為：應當增加農村中的就業機會，以打破城鄉就業之間的不平衡；由於城市少量的就業機會，可能引來大量的農村剩余勞動力，導致更多的人失業，因此增加城市就業機會無助於解決城市就業問題；農村居民的受教育程度越高，其向城市轉移的預期收入就越高，因而不加區別地發展教育事業會進一步加劇勞動力的遷移和失業；政府干預城市工資水平的確定，特別是劃定最低工資線，並且對城市失業人口給予最低生活補貼，會導致要素供給的價格扭曲，引致更多的剩余勞動力進入城市，使城市的失業率更高；應當重視農業和農村的發展，鼓勵農村的綜合開發，增加農村的就業機會，提供教育和衛生設施，發展電力、供水和交通，改善農村的生

活條件等等，從而緩解農村人口向城市的流動。①

托達羅遷移模型反應了勞動力在比較經濟利益的驅動下向較高收入地區或部門流動的理性經濟行為，只要存在相對高收入的就業崗位和就業機會，就會對收入較低和就業不充分的勞動力產生持續的拉力效應。此外，對遷移成本的計算與預期也是影響勞動力做出遷移決策的重要因素。然而，托達羅模型有著不可迴避的缺陷：首先，根據托達羅的理論，遷移數量或遷移率直接隨就業率的變化而變化，那麼農村勞動力根據對城市就業率的瞭解而做出遷移決策在很大程度上是「盲目的」，因而得出「就業機會越多，失業率越高」的結論，顯然不符合經驗事實。其次，托達羅模型只考慮了遷移者的遷移成本，忽略了他們在城市裡的生活成本。

1.2.1.4　城市可持續發展理論

（1）田園城市理論。1898年，針對英國快速城市化出現的城市交通擁堵、環境惡化以及城市人口膨脹等問題，英國城市規劃設計師霍華德（Ebenezer Howard）提出了田園城市理論。田園城市理論對現代城市規劃理論起到了非常重要的啓蒙作用。田園城市是為了安排健康的生活和產業而設計的城市，其規模要能滿足各種社會生活，但不能太大；城市周圍要有永久性的農業地帶圍繞，城市的土地歸公眾所有或由一委員會受託管理。

在霍華德的規劃中，城市和鄉村共同構成田園城市。城市部分由一系列同心圓組成，其外圍是永久性綠地，供農牧業生產使用；田園城市的收入來源於城市用地和農業用地的地租；田園城市的人口必須加以規定和限制；若干田園城市通過鐵路

---

① 周天勇. 托達羅模型的缺陷及其相反的政策含義——中國剩余勞動力轉移和就業容量擴張的思路 [J]. 經濟研究，2001（3）.

聯結在一起,構成無菸塵、無貧民窟的城市群。①

霍華德解決城市問題的方案主要有:第一,疏散過分擁擠的城市人口,使居民返回鄉村。第二,建設新型城市,即建設一種將城市生活的優點同鄉村美好環境和諧地結合起來的田園城市。當城市人口達到一定規模時,就要建設另一座田園城市。若干田園城市環繞一個中心城市布置,形成城市組群——社會城市。第三,改革土地制度,地價的增值歸開發者集體所有。

可以看到,霍華德提出的田園城市理論實際上是對城市規模、空間佈局、人口分佈、城市管理等一系列問題的總體規劃,具有極強的前瞻性,為統籌城鄉發展奠定了理論基礎。

(2)有機疏散理論。1942年芬蘭著名規劃師沙里寧(Eliel Saarinen)在其《城市:它的發展、衰敗與未來》一書中,對有機疏散理論進行了系統的闡述。該理論主要是針對城市過分集中所產生的多種弊病而提出的。

沙里寧認為,城市也是一個機體,它的內部秩序與有生命的機體內部秩序一樣,如果機體中的部分秩序遭到破壞或被打亂,將導致整個機體的癱瘓或壞死。因此,「城市有機疏散最顯著的特點,在於原先密集的地區,將被分列成一個個的集鎮,它們彼此間用保護性的綠化地帶隔離;要把衰敗地區的活動轉移到適合的地方去;把騰出來的地區改做其他更適宜的用途;要保護各種老的、新的使用價值」②。

此后,西方很多大城市如巴黎、倫敦等紛紛以有機疏散理論為指導,調整了城市發展戰略,構建健康有序的城市發展模式,避免採取「攤大餅」式的城市發展方式。同樣,在規劃大

---

① (英)埃比尼澤·霍華德.明日的田園城市[M].金經元,譯.北京:商務印書館,2000.
② (美)伊利爾·沙里寧.城市:它的發展、衰敗與未來[M].顧啟源,譯.北京:中國建築工業出版社,1985.

城市發展的時候，有機疏散理論也值得中國學習、研究和借鑑。

（3）城市複合生態系統理論。1984年，馬世駿、王如松提出了社會-經濟-自然符合生態系統理論和研究方法，並以城市和區域為對象界定了複合生態系統的結構和功能。他們認為，人類經濟和社會活動最集中的場所，是典型的社會-經濟-自然複合生態系統。現代化的城市應具有高效率的管理結構和暢通的物資運輸系統，充分發揮城市作為社會活動中心和經濟活動中心的作用，以謀取較高的社會經濟效益。同時，現代化的城市應充分滿足居民的物質文化生活需要，保持清潔、防止污染，為居民提供一個健康舒適的工作、生活環境。

在他們看來，城市規劃和設計應注重以下兩個方面：一是理想城市的周邊要有一定數量的郊區和衛星城，並能夠適當承載和疏散中心城區已經無法負荷的工業和人口；二是老城區的工業佈局要進行調整，要協調好綠化和建築面積的比例，能源、環境和經濟發展的比例，內外物資供應、社會基礎設施和人口密度的比例。[①]

此后，一些學者基於對北京、天津、揚州、日照等大、中、小城市的研究，對城市複合生態系統理論進行了補充和完善，同時利用這一理論，指導和規劃了海南、揚州等生態省市的建設。目前，這一理論在國內多個省（區、市）得到推廣和應用，為解決城市化進程中突出的問題提供了較科學的規劃方法和建設模式。

（4）山水城市理論。1990年7月31日錢學森在給清華大學吳良鏞教師的信中，明確提出建設「山水城市」的構想，用以指導城市規劃和城市設計。錢老認為，山水城市的設想是中外

---

① 馬世駿，王如松. 社會-經濟-自然複合生態系統 [J]. 生態學報，1984 (01)：1-9.

文化的有機結合，是城市園林與城市森林的結合。① 「山水城市」不應簡單地理解為有山有水的城市，它應該是具有山水物質空間形態環境和精神內涵的理想城市，應有中國獨特的文化風格和底蘊，即要有深邃的文化內涵，要有詩情、畫意、園林情和建築意。在山水城市的構想中，規劃、設計和建設的對象不應僅僅局限於道路、建築物等硬件，還應包括人、植物、動物、氣候等軟件的選擇、研究和設計的複雜系統。城市建設中要講究城市與自然山水、整體環境的有機結合，不能孤立地對待城市中各種物質與精神要素，不能僅以一座城標、建築論美，要提升整體素質與自然特色。② 吳良鏞認為「山水城市是提倡人工環境與自然環境相協調發展的，其最終目的在於建立『人工環境』（以城市為代表）與『自然環境』相融合的人類聚居環境」。

　　從錢老的理解來看，山水城市理論是從中國傳統的山水自然觀、天人合一的哲學觀基礎上提出來的未來城市構想，是將中國傳統文化與當代城市建設可持續發展理念的融合，具有生態和人文的雙重特點。同時，該理論也促進了對有中國特色城市可持續發展道路的探索，尤其是對城市規劃和設計提出了更高的要求。但是，與其他未來城市理論相比，山水城市更多的只是一種構想，對這方面的研究和探索也很有限，同時還缺乏解決現代城市問題的一套完整的思路和可行方案。

---

① 錢學森. 社會主義中國應該建設山水城市 [J]. 城市問題，1993（03）：3-4.
② 吳人韋，付喜娥.「山水城市」的淵源及意義探究 [J]. 中國園林，2009（06）：39-44.

1.2.2 國內外傳統城市化發展相關研究綜述

1.2.2.1 城市化的演化與規律

美國城市地理學家諾瑟姆（Nartham）在《城市地理》（1979）一書中，描述城市化的發展過程具有階段性規律，他把一個國家和地區的城市化進程概括為一條稍被拉平的 S 形曲線。焦秀琦（1987）和謝文蕙（1988）等人分別對全世界和部分國家的城市化發展水平進行了時間序列迴歸，認為城市化進程要經歷發生、發展、成熟三個階段，發展中國家由於工業化起步晚，尚處於初級階段。城市化呈階段性是一個普遍規律，整個世界的城市化總體水平和發展中國家的城市化水平都會出現 S 形的發展軌跡。

在對發達國家和發展中國家城市化進行比較的過程中，饒會林（1999）把 S 形曲線修改為雙 S 形曲線，找出城市化差異的必然性和規律性。發展中國家與發達國家的城市化水平呈最終縮小的特徵或規律，這主要是后發優勢的出現，即發展中國家通過學習和引進先進國家和地區的科學技術、文化知識，縮短了自己的摸索過程，節約了投入。王保畬和羅正齊在《中國城市化的道路及其發展趨勢》（1993）一書中，認為「社會生產力水平和城市文明普及程度的階段性」是產生「城市化進程的階段性規律呈 S 形曲線運動」的最重要原因。

胡兆量在 1986 年發表了《大城市的超前發展及其對策》一文，對市區非農業人口超過百萬的大城市進行研究，提出了「大城市超前發展規律」。通過對國內外的統計資料進行研究，發現在城市化發展的一定階段內，城市人口的規模結構變動具有大城市超先增長的規律。大城市的人口增長速度比城市人口增長快，比總人口增長更快。

可以看到，城市化發展要注重經濟、社會和資源環境的協

調發展，城市發展要與城市對人口和就業的吸納能力、城市基礎設施和環境的承載能力及城市的管理能力保持動態平衡，使城市在數量、規模、結構、等級和功能等方面不斷擴大和優化，實現城市人口、經濟、社會和資源環境的協調發展。這是現代城市化發展的必然選擇，也是一種自然歷史過程。

1.2.2.2 中國城市化發展的動力機制

中國城市化動力機制研究，一直是國內外學術界關注的焦點。人口遷移理論、經濟學解釋、交通通信理論、政策與制度成為中國城市化的動力機制理論（顧朝林、吳莉婭，2008）。經濟、政治、人口因素與人口城市化的關係密切，「比較利益－互補利益－選擇利益」共同構成利益關係鏈，成為城市聚集的基本動力。

（1）就業結構轉換、人口遷移對城市化的推動。「民工潮」使長期形成的二元結構體制出現危機，加速了中國的城市化進程（崔功豪、馬潤潮，1999）。褚素萍（2005）認為，農村城鎮化的動力機制分為來自農村內部的內在動力和由外部環境對農村城鎮化所形成的外在動力。內在動力包括農村人地矛盾緊張對農民的推力，城鄉差距對農民的外部拉力，農民觀念轉變對農民進城的動力等。而外在動力即外部環境，包括物質基礎、政策環境、農村工業化、制度的變遷等是農村城鎮化動力機制中不可缺少的組成部分。農民職業轉換、農村產業轉換和農村人口空間轉換相互作用、相互影響，共同促進了城鎮化的發展（馮尚春，2004）。但是，有學者指出，就業結構變化滯后是中國城市化推進的主要障礙性因素。

（2）產業結構演變與區域城市化的互動。對於城市化而言，「產業結構的轉換」是根本的動力（辜勝阻、劉傳江，2000）。嚴國芬（1988）的實證研究表明，中國城市化的動力機制來源於產業結構變動並存在階段性，在城市化進程緩慢階段主要受

農業生產的影響，農村的推力大於城市的拉力；而后工業現代化以及由此帶動的農業現代化則成為城市化的主要推動力，以第三產業為主的拉力尚未對中國的城市化產生作用。顧朝林（1992）從城鎮化發展的制約因素出發，對不同產業在中國城市化進程中的影響進行分析，並指出「工業化程度愈高，城市化水平愈高」，「反之亦然」。段杰、李江（1999）和仇保興（1999）等人認為「農業發展是城市化的初始動力，而在產業革命后工業化則成為城市化的根本動力」。實踐表明，城市化是隨著工業化的出現而發展的，工業化是城市化的根本動力。在工業化的中后期，第三產業成為工業化的后續力量，並迅速成為拉動現代城市化的動力之一（楊治、杜朝輝，2000；李清涓，2003）。

（3）經濟全球化對城市化發展的作用。「全球化帶來的全球生產要素的自由流動、產業結構的重構與轉移，以及全球市場的建立，將進一步推動中國的工業化發展，拓寬對中國商品的國際需求，對中國的市場經濟建設，以及產業結構升級都具有積極的作用。隨著中國市場經濟建設向縱深發展，以及產業結構的變遷，國家發展戰略、政策、法規等的安排與創新，必然會促進農村人口向城市人口的轉變，增加中國城市數量，促進城市規模的擴大，推動中國城市化的發展。」（吳莉婭，2005）在全球化背景下，外資在珠三角地區引發「跨境城市化」，並創建了「外向型城市化」的新模式（薛鳳旋、楊春，1997）。陳愛民（2002）通過實證表明，國外直接投資是城市人口增長的重要因素。路永忠等（2005）通過計算認為，在中國快速發展的城市化進程中，國際貿易已經成為重要的加速推動力量。經濟全球化通過推動生產要素市場的建設來拉動中國的城市化，全球化和地方化共同構建了中國城市化的產業基礎（吳莉婭，2005）。同時，國際戰略格局對中國的城市化的形成有著極大的

影響，市場、資源和專業分工也不容忽視（趙燕菁，2000）。

1.2.2.3　城市化發展的道路

有關城市化的發展道路問題，自城市化理論引入中國之初就存在著不同的觀點。1979 年，吳友仁的《關於中國社會主義城市化問題》一文，拉開了相關研究的序幕。此後，費孝通、辜勝阻等人先後發表了一系列的研究成果，論證了發展小城鎮對中國城市化進程的推動作用，認為在原有鄉村集鎮的基礎上發展小城鎮，可以將大量的農村剩餘勞動力就地消化。隨著經濟形勢的複雜化，一些學者開始正視小城鎮在發展過程中出現的問題（辜勝阻，1998），並通過內部理論的發展創新來消除這些弊端，進一步完善了小城鎮理論。陳美球（2003）認為，中國要在 21 世紀初快速推進城鎮化，應充分發揮小城鎮的作用。肖萬春（2003）則主張小城鎮的發展應依託城市的發展，小城鎮的發展要注意中心城市與小城鎮間聯繫通道的建設，發揮中心城市對小城鎮的輻射帶動作用和小城鎮對中心城市的支持作用。姜太碧（2002）提出應在縣域內選擇兩三個有優勢的城鎮，重點擇優發展中心城鎮。

饒會林（1989）指出，大城市具有遠大於小城鎮的規模效益。樊綱提出，對於中國這個人口大國，「今后 50 年再出現 50~100 個 200 萬人口以上的大城市並不算多」。王小魯和夏小林（1999）估計，大城市的快速增長會成為未來 10 年經濟增長的主要加速器，並提出適合國家當前條件的是 100 萬~400 萬人口的優化城市規模空間。在落後地區，大城市必然要優先發展，並形成「極核」，帶動中小城市發展（周干峙）。

崔功豪、杜國慶（1992）和史育龍、周一星（1996）將戈特曼的大都市帶理論介紹到了中國。楊建榮（1995）指出都市圈是中國最有效率和效益的模式，並提出了八大都市圈戰略構想。胡序威、周一星、顧朝林等完成了「中國沿海城鎮密集地

區空間集聚與擴散研究」（2000年）。周一星對中國的都市區和都市連綿區進行了定義並制定了統一標準。顧朝林就都市區與都市連綿區的發展政策進行了探討。進入21世紀，城市群的出現成為中國區域經濟發展的重要特點（國家發改委國地所課題組，2009）。寧越敏、閆小培、李王鳴等人探討了都市區和都市連綿區形成的因素和形成機制。黃勇和朱磊、陳睿和呂斌等探討了大都市區的科學規劃。大都市帶是中國城市化的發展方向，都市區已經成為當今區域發展的基本細胞和城市化的主流組織形式（謝志清、杜銀、曾燕等）。

1.2.2.4 可持續發展城市化與新型城鎮化

伴隨著工業化和城市化的發展，出現了大量與資源環境相關的問題，城市的發展面臨諸多危機，於是學者們開始關注城市的可持續發展問題。沃爾特（Walter，1992）等認為，城市要實現可持續發展，必須合理利用其自身的資源，並注重其使用效率，城市的發展在為當代人著想的同時也要為后代著想。托曼（Toman，1992）從經濟學角度提出，要把保護非再生資源和最大限度地利用可再生資源以及循環利用資源，作為城市可持續發展的基本原則。內坎普（Nijkamp，1994）也認為城市應充分發揮自己的潛力，長久地維持自身的穩定，追求高數量和高質量的經濟、社會、人口和技術產出，並鞏固其在城市體系中的地位和作用。

進入21世紀，國家提出「走中國特色城鎮化道路」的總體要求。針對傳統城市化出現的負面效應，部分實際工作部門和四川、浙江、江西等省結合自身實際情況紛紛提出要走「新型城市化發展道路」。牛文元（2010）等通過對新型城市化與傳統城市化在相關指標上的詳細對比，明確了應該走新型城市化發展道路，並提出了戰略構想。但新型城市化發展的相關研究也僅停留在概念界定及相關動力機制研究上，並沒有對具體的評

價指標、路徑選擇進行深入研究。

1.2.3 人口均衡城市化研究綜述

「均衡」的本義就是平衡,而經濟學最初研究的均衡,就是「市場均衡」。王雅莉在《城市化經濟運行分析——一個城市化經濟的均衡模型及其應用》(2004)一書中,率先運用經濟學中的均衡與非均衡理論研究中國的城市化經濟運行。基於經濟學中的一般均衡理論,錢陳和史晉川(2006)從工農業互動機制和城市聚集經濟效益出發,構建了含有土地要素的城鄉兩部門的增長模型,強調工業化、城市化與農業協調發展。王家庭和張換兆(2008)對城市土地的有效供給模型進行分析,提出要調整現有的城市化模式,提高土地集約利用水平和農民土地增值收益分配比例,實現城市空間的緊湊和佈局多元化。劉耀彬(2011)等人在城市經濟一般均衡模型基礎上,將資源環境要素納入生產函數,推導出資源環境約束下的城市化水平的一般均衡模型。

周鐵訓(2001)則首先提出了「均衡城市化」的概念,即在城市化過程中,城市化速度始終保持在邊際聚集效益等於邊際聚集成本的動態均衡點上。周鐵訓在《均衡城市化理論與中外城市化比較研究》(2007)一書中,運用經濟學的研究方法對均衡城市化的理論體系進行了深入分析,建立了一系列數量分析模型,對中國城市化的發展進程和區域差異進行了均衡分析和比較,並提出了中國城市化發展的道路和模式。基於均衡城市化的內涵,楊長福(2008)提出了利用均衡城市化建設生態城市的觀點。劉愛梅(2010)提出了「均衡型城市化模式」,即在城市規模體系上實現均衡化規模體系,在城市公共資源配置上轉向大城市與中小城市、農村的雙向對流,促進產業結構轉型升級,在政府公共服務職能上轉向為生產生活服務。

張岩（2009）、梁穎（2011）等人基於非均衡增長理論，提出在城市化建設中應實現非均衡增長。徐紅梅（2009）、胡金林（2009）等人則指出非均衡城市化發展會給當前的城市化建設帶來不利影響，並阻礙城市化發展。

以上研究均是基於經濟學中的均衡與非均衡、一般均衡與動態均衡理論，研究城市化進程中的經濟運行，片面關注城市化與經濟增長等指標間的相互關係，忽略了人口、經濟、社會和資源環境的協調發展。

辜勝阻（2010）提出了「均衡城鎮化」的思想，指出推進城鎮化的關鍵是實施均衡城鎮化戰略，未來不僅要發揮大都市圈的聚集效應和規模效應，也要重視中小城市和縣城的發展，積極推進農村城鎮化，促進區域協調發展。「均衡」一詞再次迴歸其平衡本義。

1.2.4　研究述評

首先，以往的研究大多只關注影響城市化發展的因素，忽視了對影響因素的系統性研究。學者們對影響城市均衡發展的因素的研究比較多，而且對資源、環境方面的問題進行了廣泛的追蹤研究，使得城市化發展進程中有關資源、環境方面的研究體系日趨完善，同時研究的方法和技術手段也日趨成熟。但是，這些研究很少從系統性的角度觀察城市均衡發展進程中的各個影響因素，很少涉及各個影響因素間的相互作用以及協調的途徑。

城市是一個由人口、經濟、社會、資源和環境等子系統共同構成的複合系統，各子系統之間相互影響、相互作用，它們之間的協調發展共同促成了城市大系統的協調、可持續發展。因此，研究中應將城市作為一個有機的整體，從系統的角度研究各個影響因素間相互作用的機理和相互協調的途徑。

其次，以往的研究大多只注重對城市經濟運行中生態模式的研究，對人口模式的關注較少。有關城市均衡發展的研究大多是基於生態學的視角，關注生態模式影響和約束下的城市化發展及其經濟運行，對人口模式對城市發展影響的探討比較少，更未見有關城市化發展進程中均衡的人口模式的構建及其途徑的相關研究。城市的協調、可持續發展是今后城市化發展應追求的目標，基於生態學視角的模式是城市發展的物質保證，而以人為本的、和諧發展的城市化才是人口均衡城市化所追求的模式。

最后，對人口均衡城市化問題的研究，也多是採用經濟學中均衡的分析方法，側重於關注城市發展進程中經濟運行各指標之間的「均衡點」，忽略了人口、經濟、社會和資源環境的協調發展。人口均衡城市化是在建設人口均衡發展型社會的目標下，可持續發展理論在人口城市化發展中的應用，它強調農村人口向城市轉移過程中其數量、質量與城市發展相適應，城市內部的人口規模結構與經濟社會和資源環境發展的協調，實現城市的可持續發展。

城市化本身就是人口向城市集中、城市數量和規模不斷擴大、城市現代化水平不斷提高以及社會經濟結構發生根本性變革的自然歷史過程。因此，在這個過程中「均衡」是相對的、不穩定的，「非均衡」才是發展的動力，是絕對的、長期的，一個穩定的社會必然追求「均衡」的目標。均衡的城市化發展並不是一個靜態點，而是一個長期複雜的變化過程，這個過程涉及均衡城市化狀態的變化過程以及達到這種均衡狀態所需要的時間。

2 國內外城市化進程與發展目標轉換

城市化是人類社會發展的必然選擇,是經濟增長的必然結果,也是人類社會文明進步的標志。美國經濟學家查爾斯·金德爾伯格(Charles P. Kindleberger)在其書中說:「城市化是一個世界性現象,它同樣影響著富裕國家和貧窮國家……一個與世界城市化完全背道而馳的趨勢是不可能的。」① 通過對世界和中國城市化歷程的回顧與總結,借鑑和吸取城市化進程中的經驗教訓,對實現中國城市化的均衡發展具有較深刻的啟示意義。

2.1 國外城市化發展的歷程

城市化是經濟社會發展的普遍現象。發達國家的城市化是城市規模結構和經濟結構、社會結構交互影響、優化的過程,城市化的質量、城市生產生活和城市環境等均表現出質的提高。發展中國家的城市化,除具有城市化發展的一般特點外,更多地表現出自身的特點。國際經驗表明,經濟發展與城市化之間

---

① [美]查爾斯·P.金德爾伯格,布魯斯·赫里克:經濟發展[M].上海:上海譯文出版社,1986:294.

是相互循環促進的。城市化既是經濟社會發展到一定階段的產物，也是社會經濟發展的重要推動力。

2.1.1 發達國家的城市化進程

工業化是城市化的主要推動力，城市化則是工業化的表現和結果，世界的城市化發展是伴隨著每一次的科學技術革命實現的。18世紀60年代，英國的工業革命正式拉開了世界城市化的序幕，此后二百多年的時間，城市化浪潮席捲了世界每一個角落，對人們的生產生活產生了深刻影響。這一進程大體可分為三個階段：

2.1.1.1 城市化的興起階段

1760年，工業革命在英國率先發生，迎來了人類歷史上的第一次科學技術革命。到1800年，英國的城市化率達到了23%。到了1851年，英國就成為世界上第一個城市人口超過總人口50%的國家[①]，基本實現了城市化。此後，各個發達國家先後進入了城市化起始階段。

這一時期，社會生產力在工業革命的推動下得到極大提高。大機器工業生產方式的出現，促進了社會分工與合作，也迅速改變了城市的性質。城市由一個軍事性、政治性、商業性和相對封閉的城市，變成了具有規模效益、聚集效益和比較優勢的開放型經濟中心。同時，城市先進的文化意識、生產生活方式和技術方法不斷向農村擴散，最終導致了農業革命。農業勞動生產率的大幅度提高，產生了更多的剩餘農產品和農村剩餘勞動力，促使大量農業人口向城市轉移，極大地加速了城市化進程。經濟發展和科學技術相互促進，致使城市的功能不斷完善，城市的擴散效應（Spreading Effects）和回流效應（Backward

---

[①] 鄔滄萍，等. 世界人口 [M]. 北京：中國人民大學出版社，1983：365.

Effects）不斷增強。

這一階段城市化的特點，是在煤、鐵等礦產資源豐富的地區和交通便利的地方發展起來一批新興的工礦城市。在城市規模結構上，表現為大城市優先發展，小城鎮也迅速發展。由於大量人口短時期內湧入資源指向型城市，交通擁擠、失業、環境污染和犯罪率上升等問題，成為這一階段城市化過程中需要解決的主要問題。[1]

2.1.1.2 城市化的普及階段

1850—1950 年，城市化在歐洲和北美等資本主義工業化國家得到了較快發展。其城市人口從 1850 年的 0.4 億增長到 1950 年的 4.5 億人，城市化水平達到 51.8%。與此同時，其他地區的城市化水平也有所提高，1950 年世界城市人口已經達到總人口的 28.4%，整個世界已經站在城市化加速發展的起跑線上。[2] 如表 2-1 所示。

表 2-1　　　　1950 年世界所處的城市化階段

	英國	發達國家和地區	發展中國家和地區	世界
城市人口（億人）	—	4.444	2.676	7.121
城市人口比重（%）	78.9	51.8	16.2	28.4
所處階段	高度發達城市化	基本城市化	起步城市化	加速城市化

資料來源：高珮義. 中外城市化比較研究 [M]. 天津：南開大學出版社，2004：10.

---

[1] 周鐵訓. 均衡城市化理論與中外城市化比較研究 [M]. 天津：南開大學出版社，2007：13.

[2] 謝文蕙，鄧衛. 城市經濟學 [M]. 2 版. 北京：清華大學出版社，2008：53.

第二次科學技術革命加速了歐洲城市化的發展，石油的開採和電氣化時代的到來，進一步便利了交通和通信，城市的經濟結構發生了巨大變化，大量的經濟資源更迅速地向城市集中。北美洲的城市發展曾一度落後於歐洲，但隨著大量歐洲移民的進入加快了該地區的城市化進程。特別是美國，19世紀期間一方面吸引了大量移民，解決了勞動力不足的問題；另一方面，美國獨立后經濟迅速發展，到了20世紀初，美國的工業化程度已經大大高於歐洲。雖然發達國家城市化的起步時間不同，城市化從加速階段到完成階段所用的時間也各不相同，但是城市化的基礎、動力及其對國民經濟發展的帶動力大體相同。

　　由於交通體系的革命和國家貿易的迅速發展，形成了國際分工體系和世界經濟體系。資源指向型城市開始衰落，或開始出現經濟結構轉型，臨海型城市迅速崛起。這一階段，城市化發展的主要特點是集中型城市化占主導地位。即伴隨著城市人口及其在總人口中比重的迅速提高，城市土地面積也隨之增加，中心城區的人口密度不斷提高；大城市優先發展的特點更加顯著，「大城市化」在城市化發展中占絕對的主導地位，大城市對中小城市的帶動作用突出，並確立了城市間的專業化分工。①

　　這一階段，城市化的發展也帶來了嚴重的社會問題。由於人口大量從農村和中小城市湧入大城市，導致大城市迅速擴張，造成了城市用地緊張、地價高漲、交通擁擠、失業率和犯罪率高、污染造成的環境惡化等一系列的「大城市病」。正因如此，發達國家從20世紀二三十年代就開始大力加強城市規劃和建設投資，特別是第二次世界大戰後，紛紛將城市規劃和城市環境保護納入法制軌道，並在城市社會性設施建設和社會保障方面

---

　　① 周鐵訓. 均衡城市化理論與中外城市化比較研究 [M]. 天津：南開大學出版社，2007：14.

投入大量資金。

2.1.1.3 城市化的加速擴散階段

隨著第三次科學技術革命的到來，發達國家的城市化出現了分散化的特點。在人口繼續向城市集中的同時，也有大量人口從大城市向中小城市轉移、從大城市的中心城區向郊區轉移，在城市周圍衍生出許多「衛星城」，形成了所謂的「城市群（Urban Agglomeration）」或「城市帶（Urban Belt）」，進而出現「逆城市化（Counter-urbanization）」。第三次技術革命出現了計算機及網路技術、空間技術、激光機微波技術等一系列新技術，產生了高科技、環保型和知識密集型產業。由於新興高科技產業對傳統產業的不斷替代，加上發達的現代交通網路體系，第二產業逐漸向城市邊緣遷移，大城市周圍出現眾多的衛星城，甚至形成了大城市群或城市帶，形成了新的城市空間分工體系。這些中小城市在經濟上承擔了大城市的輔助功能，是大城市產業鏈的延伸和經濟功能的擴散，與大城市共同形成了城市空間規模結構體系，提高了城市間的分工協作效益。

特別是20世紀80年代以來，隨著第三次科技革命的不斷深入，在產業社會向信息社會逐步轉變的過程中，發達國家的大城市化正在經歷城市功能轉換與重新配置的過程，形成了以大城市為中樞管理中心的城市分工協作體系。大城市在經濟、社會和文化方面的功能，在經歷了經濟結構和社會結構的「蛻變」後，不但沒有在「逆城市化」過程中被削弱，反而出現了「再城市化（Re-urbanization）」現象，城市功能得到增強，進一步強化了其在全社會的中心地位。同時，這一過程隨著信息時代和知識經濟的發展仍在繼續，學者們也在密切關注著發達國家大城市的發展。

這一時期，發達國家城市化的主要特點是：城市規模結構和經濟結構、社會結構在優化過程中交互影響，城市化的質量、

城市生產生活和城市環境等均有質的提高，並出現了信息化、數字化城市。同時，許多發達國家大城市的城市景觀也越來越美。

2.1.2 發展中國家的城市化進程

對於大多數發展中國家而言，其城市化進程始於第二次世界大戰以後。此前由於殖民統治，多數發展中國家的經濟結構單一，城市人口多集中在一兩個大城市。第二次世界大戰結束后，以拉美國家為代表的許多發展中國家紛紛實現了民族獨立和解放。這些新生國家在贏得政治獨立和自主的同時，先後走上了新興工業化道路，城市化水平在工業化進程中得到迅速提高。

拉美國家的自然資源豐富，在其人均收入達到 3,000 美元進入中等收入國家后，選擇了快速城市化，僅用 20 年時間就完成了城市化。在拉美國家的城市化進程中，由於拉美多資源大國，各國政府均採用「福利趕超」模式。同時，由於大量人口聚集在城市具有聚集效應，造成第三產業高度發達，製造業等第二產業長期停滯，陷入「中等收入陷阱」。整個東亞的基本情況是人多地少，資源匱乏，製造業自身的特徵決定了東亞國家多是選擇製造業轉移勞動力。中國亦是如此。東亞國家的經濟結構特徵基本上是製造業強、服務業弱、城市化率低、居民的福利水平也低。無論是拉美模式還是東亞模式，發展中國家在城市化發展實踐中，均表現出大致相同的特點。

第一，城市化水平差異較大。一是不同國家之間城市化水平差異較大。拉丁美洲人口的快速增長和城市化水平的迅速提高，使城市尤其是大城市以前所未有的速度發展，超過了第三世界的其他地區。像巴西和阿根廷，在總人口和城市人口快速增加引發城市爆炸性發展的過程中，出現了一系列社會經濟問

題，引起了各方關注。二是在同一國家內不同地區的城市化水平也有較大差異。許多發展中國家在快速城市化的過程中出現了大城市人口過度密集的現象，主要表現為發展中國家首位城市人口比率（首位城市人口比率＝某國最大城市的人口/該國城市總人口×100%）偏高。在撒哈拉沙漠以南的非洲地區的首位城市人口比率高達 29%，在拉丁美洲、加勒比海地區、中東和北非地區首位城市人口比率達 25%，而在經濟發達的歐盟，其首位城市人口比率只有 15%。[1] 大城市優先增長的現象十分突出，造成城市專業化分工和城市經濟運行效率低下。

第二，發展中國家人口城市化的主要動力源於非經濟因素。與發達國家不同，發展中國家的城市化發展是由於人口尤其是農村人口的快速增長，發展緩慢的農村經濟無法容納更多的勞動力，導致越來越多的農村人口流入城市尋求生計。同時，由於城市基礎設施建設尚不完善，人口過度向城市集中造成了城市貧困人口問題，以及城市住房、城市供水、城市環境等公共設施和公共服務不足，以及耕地流失，造成糧食生產不足，失業率和犯罪率上升等一系列社會問題。

第三，工業化和城市化不同步。由於部分發展中國家經濟結構較單一，加之對發達國家經濟的依賴，所以，儘管工業化對城市化有強勁的影響，但是製造業在這些發展中國家所占比重並不高，城市化主要依靠傳統的第三產業來推動。相當一部分發展中國家的城市化表現為城市化水平明顯超過工業化和經濟發展水平的「過度城市化」（Over Urbanization）或「無工業化的城市化」（Urbanization Without Industrialization）。城市化水平落后於工業化水平會阻礙社會勞動生產率的提高，影響經濟

---

[1] 佚名. 發展中國家的城市化的經驗教訓對中國的啟示 [J]. 魅力中國，2008（1）：47.

的可持續發展。

第四，在城市佈局方面，發展中國家是一個或幾個主要的中心城市在人口、生產和服務部門的分佈方面優勢顯著，城市之間的分工協作有待進一步加強。而發達國家多形成了巨大的城市群或城市帶，城市之間分工協作，經濟聯繫緊密，聚集效益明顯。

第五，大城市尤其是特大城市人口問題日益突出，造成嚴重的社會問題。大城市人口的過度密集、城市規模的迅速擴張導致城市基礎設施嚴重不足，加之發展中國家城市規劃和管理工作相對滯后，帶來了一系列的問題。過度城市化不僅沒有帶來高度工業化和經濟繁榮，相反還使得農業衰敗、鄉村凋敝。城市無法為更多的居民提供就業機會和必要的生活條件，農村人口遷移之後沒有實現相應的職業轉換，城市就業壓力持續增大，貧富差距日益擴大，引致一系列城市問題和城市病，最終結果是發展中國家的城市化與貧困人口爆炸相伴而生。

2.1.3 世界城市化帶來的啟示

國際經驗表明，經濟發展與城市化之間存在著相互循環促進的關係。經濟騰飛使得城市化的步伐加快，各類生產要素向城市聚集，人口從低素質的農村人口向高素質的城市人口轉型，整個社會形態逐漸從農業型社會向城市型社會轉變。城市化既是經濟社會發展到一定階段的必然產物，也是推動社會經濟發展的重要動力。

2.1.3.1 信息化和數字化城市建設成為城市發展的主要動力

隨著第三次科技革命的深入，發達國家的經濟結構出現了多元化的趨勢，以信息技術為特徵的現代產業對城市發展和城市空間結構的演化起到了決定性作用。信息化和數字化城市建

設對城市體系的演變具有重要影響，城市發展的動力日趨增強。

早期的城市化大都是在工業化帶動下農村人口向城市的遷移。隨著人類每一次重大技術的突破，都會形成新的工業部門，不斷推動著城市的發展。以工業為動力推動城市發展會造成對物質資源的過分消耗和依賴，不可避免地產生能源危機和環境危機。最近幾十年，隨著知識經濟和網路信息社會的興起，以信息技術為代表的高新技術逐步成為城市發展的動力，城市也隨之由產品製造中心向服務中心、信息中心、商業商務中心轉變。不過，工業化仍然是一些發展中國家城市發展的基本動力。

2.1.3.2 大城市的功能進一步增強，核心城市在經濟中的地位越來越重要

大城市和特大城市仍是城市化發展的「主旋律」，大城市數量急遽增加，甚至出現了人口超1,000萬的超大城市。1950年，世界上人口超過1,000萬的城市僅有紐約和東京。2005年，人口超過千萬的特大城市增加到21個，2015年有8個城市超過2,000萬人。新增加的超大城市全部來自發展中國家。

大城市中心的商業功能和管理功能進一步增強，城市成為經濟中心和生活中心的有機體。經濟的繁榮，城市規模的擴大，技術革命和產業革命引致的生產方式的推廣，使得社會經濟領域和城市結構出現變革，城市中心聚集度空前提高，城市功能進一步增強。此外，無論是發達國家還是發展中國家，核心城市的經濟都占據一國國民經濟的主導地位。核心城市對該國經濟社會發展起到了至關重要的作用。

2.1.3.3 多功能、多中心、組團狀的城市內部結構（城市群）開始形成

現代城市內部空間結構演變的一個重要特徵，就是財富中心、文化教育中心、行政中心和娛樂中心的功能越來越強，分區明顯。當一個空間地域內城市集群達到一個較高的密度時，

就成為城市群（圈）。城市群（圈）是由若干城市組成的集合體，一般有一個中心和若干個次中心，中心城市或次中心城市對周邊城市起著輻射和帶動作用。在一個城市群內部各城市間存在著多方面的經濟和社會聯繫，並逐步向一體化方向發展。

無論在美歐發達國家還是在中國，城市群都有很大的發展。著名城市地理學家戈特曼（Jean Gottmann）認為，一個大城市群應至少居住2,500萬城市人口，過著現代城市生活。其在1989年發表的《大都市帶》一書中指出，當代世界上有6個大都市帶：①美國東部大西洋沿岸大都市帶；②日本東海道太平洋沿岸大都市帶；③歐洲西北部大都市帶；④美國五大湖沿岸大都市帶；⑤英格蘭大都市帶；⑥中國長江三角洲大都市帶。此外，還有幾個都市帶正在形成。

根據霍爾（P. Hall, 2006）等人的研究，歐洲已有英格蘭東南部、蘭斯塔德、比利時中部、德國魯爾地區、萊茵-美茵地區、瑞士北部地區、巴黎地區和大都柏林八個城市群，它們是歐洲經濟最發達、基礎最雄厚的區域。日本目前已經形成了近畿圈、中部圈、首都圈三大都市圈。2000年三大都市圈的人口8,229萬人，占日本總人口的46.84%。2008年，日本通過國土形成規劃提出在全國構建八個廣域綜合體並增強其活力，以修正現在「一極（東京都）一軸（太平洋沿岸軸線）」的結構。

2.1.3.4 *城市化必須注重質量，城市從生產型轉為生態型，具有個性化、特色化*

在城市化發展的起步階段，為了追求速度，發達國家和發展中國家均不約而同地關注城市數量的增加、城市人口規模的擴大和城市地域空間的擴張。尤其是發展中國家，僅僅用了幾十年的時間就完成了發達國家上百年才實現的高城市化水平，在取得成績的同時，忽略了城市結構、功能、質量的優化，城市的急速發展帶來了一系列的社會經濟問題。因此，城市化必

須與社會經濟發展水平相適應，重視提高城市發展質量，促使發展速度與質量相協調，實現城市的可持續發展。

工業革命形成的城市是以工礦企業發展為核心和動力的，在其成為工業發展主體的同時，也成為區域的主要污染源。隨著環境保護意識和可持續發展觀念的深入人心，維護城市的生態平衡、綠化城市、促進城市和自然和諧，已成為各國城市發展的共同行動目標。有專家預言，21世紀的城市經濟將是「生態循環型綠色城市經濟」，城市也相應開始出現生產型城市—消費型城市—生態型城市。

由於城市的發展是以工業化為核心和基本動力，所以必然導致城市的趨同化，包括城市規模擴張趨同化，城市功能趨同化，城市產品和服務、城市形態和形象的無差別等。城市趨同化的另一個表現，就是對體現城市個性和特色的城市自然歷史文化景觀不重視，或者人為地破壞，致使城市無特色、千城一面的城市景觀「克隆」，城市的可識別性嚴重缺失。隨著現代人生活質量的提高，城市發展進入了以「人為中心」的個性化發展階段。城市的個性化和特色化不僅可以滿足現代人個性化的需要，也成為現代城市競爭和發展的新要求。

2.2 中國城市化建設的歷程

中國的城市化發展受到自然、歷史、政治、文化、經濟等多種因素的影響，表現出自身的特殊性。分析和總結中國的城市化發展進程，能夠更好地審視人口均衡城市化建設所面臨的現實背景和條件，以確定今後人口均衡城市化發展的目標。

雖然中國古代就已經出現了城市，但一般認為中國的城市化發端於1840年鴉片戰爭。鴉片戰爭后，帝國主義武力和資本

的入侵加速了中國封建經濟基礎的解體，同時也促使中國的資本主義生產方式和民族工商業建立和發展起來，為工業化和城市化的起步創造了客觀條件。但從整體來說，鴉片戰爭至新中國成立，中國的城市化水平較低，發展速度也比較緩慢。從中國城市化率的歷史數據可以看到，改革開放以前，中國的城市化率不足20%。按照諾瑟姆曲線的基本原理，這一時期還沒有真正進入城市化發展階段，屬於前城市化發展階段。從嚴格意義上講，中國的城市化發展是從改革開放以後開始的。

2.2.1 新中國成立以來中國的城市化建設

1949年以來，中國的城市化發展過程比較曲折（如圖2-1所示，具體數據見附表5）。綜合中國的人口變動、社會經濟體制演變和政策演進等因素，中國的城市化實踐大體分為以下五個階段：

2.2.1.1 短暫的正常發展階段（1949—1957年）

三年的國民經濟恢復重建和1953—1957年實施的第一個五年計劃，為城市建設奠定了良好的經濟基礎。特別是圍繞蘇聯援建的156個項目和694個限額以上的項目建設，國家將工業建設的重點由沿海轉向內地，城市發展的中心也隨之轉移，湧現出一大批新興的工礦城市。這一時期的城市數量由1949年的136座增加到了176座，城市化率也由10.64%提升到15.39%，年均增長0.53個百分點。

2.2.1.2 波動發展階段（1958—1965年）

這一階段中國的城市化發展出現波動起伏。該階段可分為1958—1960年盲目冒進和1961—1965年被迫調整兩個小的階段。

1958年，國務院頒布了《中華人民共和國戶口登記條例》，嚴格劃分農業戶口和非農業戶口，控制農業人口向城市轉移。

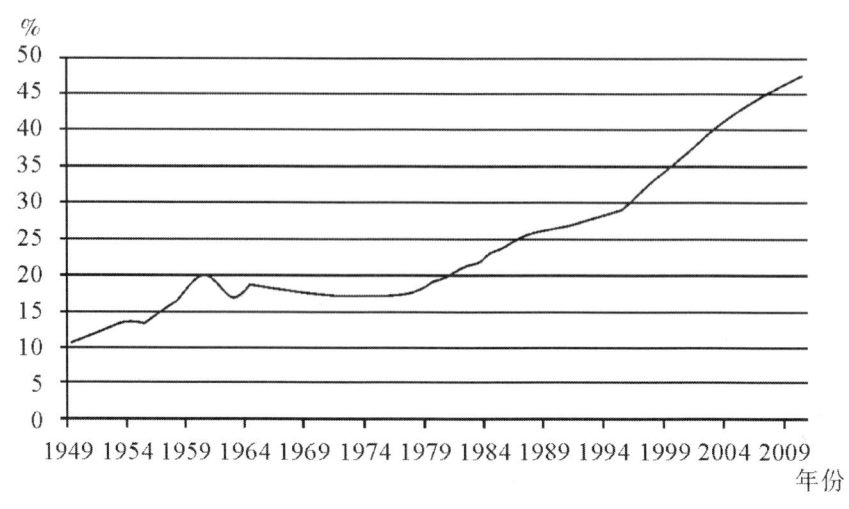

圖 2-1　1949—2010 年中國城市化率增長曲線

但是在「大躍進」時期，工業項目建設的盲目性和隨意性，促使農村勞動力爆發性湧進城市，導致城市化進入盲目冒進的發展階段。在這個階段，城市人口由 10,721 萬人猛增至 13,073 萬人，年均增加 1,176 萬人。人口城市化率由 1958 年的 16.2% 增至 1960 年的 19.7%，增加了 3.5 個百分點。

1961—1963 年，國民經濟進入三年調整時期，停建和緩建了大批項目，動員 2,000 萬城市人口回到農村。在城市建設方面，採取了大規模壓縮城市人口、提高設置市鎮標準、撤銷部分市鎮建制等應急措施。到 1963 年年底城市化率由 1960 年的 19.7% 下降到 16.8%，年均下降 0.97 個百分點。

1964—1965 年，國民經濟開始復甦，城市建設逐步恢復，原下放到農村的城鎮職工陸續返城。但受公安部《關於處理戶口遷移的規定（草案）》的影響，農村人口向城市轉移的難度加大，城市化在此背景下震盪發展。到 1965 年城市人口增至 13,045 萬人，基本上恢復到 1960 年的水平，但由於總人口的增加，1965 年城市化率為 18%，比 1960 年低了 1.7 個百分點。

2.2.1.3 徘徊停滯階段（1966—1978 年）

這一階段由於「文化大革命」，城市化進程停滯不前。全國開始「三線建設」，城市發展強調分散，建制鎮在調整中逐步減少。12 年間，全國城市人口由 13,313 萬人增加到 17,245 萬人，城市化率由 17.86% 變為 17.92%，基本維持原狀。儘管城市人口在增加，但是城市化率基本保持不變，徘徊在 17%～18%。1977 年 11 月，國務院批轉公安部《關於處理戶口遷移的規定》，提出「對從農村前往市鎮（含礦區、林區等），由農業人口轉為非農業人口，從其他市遷往北京、上海、天津的，要嚴加控制」，進一步對農村人口進入城市進行嚴格控制。

2.2.1.4 平穩發展階段（1979—1995 年）

改革開放后，回到了以經濟建設為中心的軌道上，國家出抬了一系列支持城市化建設的新政策。1978 年，全國城市人口 17,245 萬人，占總人口比重為 17.92%。到了 1995 年，城市化率達到 29.04%，年均增長約 0.7 個百分點。

這一階段城市化平穩發展的主要原因是：第一，1978 年以后，大約有 2,000 萬上山下鄉的知識青年和下放幹部返城就業，高考的全面恢復也使得一批農村學生進入城市；第二，農村家庭聯產承包責任制的實行，導致農村多余勞動力出現，農村剩余勞動力有了外出打工的機會和自由，大量湧入城市特別是經濟發達地區及東部沿海城市；第三，鄉鎮企業的崛起吸納了大量農村勞動力，部分鄉鎮企業職工的生活條件得到改善，進城的意願逐漸轉變成行為，推動了城市化的發展。

此外，改革開放后，加強了城鎮規劃和建設，並制定了一系列的方針政策和法律法規，極大地促進了城市化的健康發展。

2.2.1.5 快速發展階段（1996 年至今）

這一階段中國城市化進程明顯加快。1996 年中國城市人口 37,304 萬人，城市化率為 30.48%；到 2010 年，中國總人口達

134,091萬人，其中城市人口63,693萬人，占總人口比重達47.50%。1996—2010年間，中國人口城市化率增長17.02個百分點，年均提高1.22個百分點，大大超過中國城市化建設前四個階段的增速（除「大躍進」時期個別非正常發展年份外）。

這一時期城市化快速發展的原因主要有：第一，社會主義市場經濟的確立為城市化的快速發展提供了宏觀大環境；第二，「九五」「十五」和「十一五」規劃的實施，有力推動了中國城市化建設；第三，「小城鎮，大戰略」的提出，進一步促進了中國城市化的發展；第四，黨的十六大、十七大將加快城市化進程作為全面建設小康社會的目標之一，指明了城市化發展的道路和方向，進一步推動了城市化的進程。

這一時期城市化逐步上升為國家的重大發展戰略。戰略重點逐漸從加快小城鎮建設轉變為促進大中小城市和小城鎮協調發展，並強調「要逐步提高城鎮化水平，走出一條有中國特色的城鎮化道路」。2005年10月11日通過的《中共中央關於制定國民經濟和社會發展第十一個五年規劃的建議》中指出：「堅持大中小城市和小城鎮協調發展，提高城鎮綜合承載能力，按照循序漸進、節約土地、集約發展、合理佈局的原則，積極穩妥地推進城鎮化。」2007年10月15日，黨的十七大報告再次強調，要「走中國特色城鎮化道路，按照統籌城鄉、合理佈局、節約土地、功能完善、以大帶小的原則，促進大中小城市和小城鎮協調發展。以增強綜合承載能力為重點，以特大城市為依託，形成輻射作用大的城市群，培育新的經濟增長極」[①]。

[①] 參見《高舉中國特色社會主義偉大旗幟 為奪取全面建設小康社會新勝利而奮鬥——在中國共產黨第十七次全國代表大會上的報告》，2007年10月15日。

2.2.2 中國城市化建設的新趨勢

2.2.2.1 中國的城市化開始進入加速發展時期

回顧中國城市化建設的歷程，可以看到，目前中國的城市化發展正處於諾瑟姆曲線的加速階段。截至 2010 年年底，全國共有 655 個城市，城市化水平達到 47.50%，比 1978 年提高了 29.58%，平均每年增長 0.92%。麥肯錫全球研究中心 2009 年的報告中指出：「如果保持當前的經濟發展勢頭，到 2050 年中國的城市化水平將達到 70%，城市人口將超過 10 億。」同時，特大城市的極化作用也在繼續加強，中國將出現 221 座人口超過百萬的特大城市，其中人口超過 500 萬的城市將有 23 座，到 2025 年，城市創造的經濟將占 GDP 的 90%以上。

進入 21 世紀，新一輪的全球產業轉移成為中國城市化的推動力量。高端製造業和現代服務業仍將投向中國的沿海地區，中低端的製造業將從東部沿海地區逐漸轉移至中西部地區。北京、上海等國際性城市仍將繼續吸引跨國公司區域性總部的集聚，東部沿海地區尤其是與世界聯繫緊密的城市將成為服務外包的主要陣地，都市帶、城市群將成為先進製造業產業群的集聚地。同時，由於東部沿海發達地區在環境、土地等方面的壓力以及自身經濟轉型的需要，中國的中西部地區及欠發達地區將承接東部地區的產業轉移，進而取得跨越式發展。

2.2.2.2 中國以更開放的姿態融入全球城市網路

2007 年，中國的國內生產總值達到 25.73 萬億元，超過德國成為世界第三大經濟體。隨著綜合國力的增強，北京、上海和香港等國際性大城市成為全球城市網路的重要節點和區域性管理中心、控制中心及信息樞紐。隨著開放程度的不斷提高，中國與世界的經濟聯繫更加緊密，將有更多的城市成為開放的前沿，並以各自的功能融入全球城市網路之中。

同時，中國在世界的影響力也越來越大，全球金融危機的爆發提升了人民幣在國際貨幣體系中的地位；在「G8+5」首腦會議和全球氣候峰會等一系列全球峰會中，中國均以負責任的大國姿態展現在世界面前。在日本提出的區域合作組織——東亞共同體的發展構想中，希望通過東亞各國長期的相互合作和一體化實現共同發展，而中國無疑將成為新的東亞共同體中舉足輕重的一極，將以更加開放的姿態融入經濟全球化浪潮，中國的沿海地區也勢必迎來更大的發展機遇。

2.2.2.3 區域間的交流與合作進一步增強，中西部地區的城市化加速

區域性的基礎設施建設也將進一步推進中國的城市化進程。京滬高速鐵路、京廣高速鐵路和京哈高速鐵路等「四縱」「四橫」的高速鐵路網，「南水北調」「西氣東輸」等區域性供水及能源保障系統，把中國的東部、中部和西部地區大多數城市聯結起來，也進一步強化了環渤海、長三角、珠三角三個城市群之間的聯繫，物流、人才流、能源將得到暢通高效的流動，區域間的經濟交流與合作也將進一步增強。

2009年中國東部地區城市化水平已達到56.8%，而中西部地區城市化率僅為39.6%，正處在快速發展時期。同時，中西部總人口比東部總人口多近1倍，但工業化水平僅為53%，具有巨大的發展空間。中西部地區的土地資源比較豐富，東部的勞動力密集型產業也已開始向中西部轉移。因此，未來中國城市化快速發展的區域將出現在中西部。

2.2.2.4 城市群將成為參與全球競爭的戰略空間

城市群是城鄉一體化、郊區化與中心城區改造有機結合和中心城區人口有機疏散的最佳地域組織形式，既有利於人口的集中，有效解決「三農」問題，又有利於緩解大城市的人口壓力。目前，中國的城市群建設已經起步，未來將成為推進城市

化和集中人口的主要方式。《全國城鎮體系規劃研究（2006—2020）》中指出：「未來中國將培育建設包括長三角重點城市群、珠三角重點城市群、京津冀重點城市群、海峽西岸城市群、粵東城市群、中原城市群、成渝城市群、關中城市群等 17 個城市群。」城市群的發展在中國的經濟生活中的作用越來越大，2008 年，僅京津冀、長江三角洲和珠江三角洲三大都市圈地級及以上城市的 GDP 就超過 10.6 萬億元，占全國地級及以上城市地區生產總值的 33%。

國際性城市是全球信息網路的節點和樞紐，國際性城市的發展也需要強大的區域的支撐。因此，城市群將成為中國參與全球競爭的戰略空間。建設城市群有利於走集約型城市化的道路，高效、集約利用土地資源；進一步強化大城市的主導作用，促進大中小城市和小城鎮協調發展，提高城市的要素集聚能力；促進產業集聚，在城市內及城市間形成分工和協作，增強城市和區域的綜合競爭力。

2.2.2.5 城市化建設更加注重城市綜合質量的提升

軟環境建設方面，城市的公共服務質量將得到進一步提升，城市的科學、文化、教育、衛生事業也將得到進一步發展，城市建設更加注重生態環境品質和文化內涵，走健康發展的道路。

過去一段時間，中國的有些城市在建設中片面注重規模擴張，以致不少地方在城市化進程中缺失對人性、生態和文化的考量，在城市定位、城市規劃與管理等方面出現不少問題。今後，中國的城市化建設將完成城市規劃由重視產業項目向重視城市佈局的轉變，城市功能定位由經濟開發功能單設分立向複合型多樣化的城市綜合功能轉變，政府的角色從發展經濟的承擔者向城市發展的公共服務提供者轉變。全面提高城市綜合競爭力，重視社會民生，建設真正宜業、宜居、宜商、宜遊、宜學的現代城市。

2.3 對城市化理論的再認識

探討人口均衡城市化發展，首先應對城市化的相關理論進行梳理。通過對城市化概念、演進規律、發展目標及模式的深入理解，加深了我們對城市化發展適應性、差異性和規律性的認識，要求城市化發展要以動態的視角來判斷和選擇。同時，我們也看到了以往非均衡城市化發展的特點和缺陷，為人口均衡城市化發展提供了思路。

2.3.1 城市化的內涵

「Urbanization」這個單詞在國內除被翻譯為「城市化」外，還被譯為「城鎮化」或「都市化」。有人認為這只是翻譯問題，兩者是相同的，並無差別。其實，城市化和城鎮化，兩者雖沒有本質差別，但其內涵和意義還是略有不同的。

2.3.1.1 城市與城鎮

(1) 城市的含義。城市，即「城」加上「市」，可見城市一出現，就具有防禦和交易兩種功能。中國古書上曾有過「築城以衛君」「日中為市」的記載。現代城市，「城」的作用削弱了，而「市」的功能卻增強了，即現代城市在弱化防禦功能的同時，強化了市場功能。城市的發展與社會分工、商品生產和市場發育緊密相連，是人類文明進步的象徵。

國內外的學者從經濟、社會、地理、歷史、生態、政治、軍事等不同角度，對城市進行了界定。

從人口學的角度來講，城市是具有一定人口規模、並以非農業人口為主的聚居地。從系統論的角度來講，K. J. 巴頓認為：「城市是一個在有限空間內的各種經濟市場——住房、勞動

力、土地、運輸等——相互交織在一起的網狀系統。」

馬克思主義經典著作對城市也作了精闢的論述。恩格斯說：城市本身表明了人口、生產、工具、資本、享樂和需求的集中；而在鄉村所看到的卻是完全相反的情況，孤立和分散。列寧指出：城市是經濟、政治和人民精神生活的中心，是前進的主要動力。

中國對城市本質的認識，已寫入《中共中央關於經濟體制改革的決定》（中國共產黨第十二屆中央委員會第三次全體會議1984年10月20日通過）之中，即城市是中國經濟、政治、科學技術、文化教育的中心，是現代工業和工人階級集中的地方，在社會主義現代化建設中起主導作用。

綜上所述，城市可以定義為：城市是國家經濟、政治、科學技術和文化教育的中心，是現代工業與第二產業集中的地方，在國民經濟和社會發展中起主導作用。

（2）城鎮的含義。國際上一般不使用「城鎮」這一概念。英文中「City」與「Town」僅用來區分城市的規模，前者是按規模區分的一般性城市序列，后者是按規模區分城市序列的最低層次。如《簡明不列顛百科全書》中對城市的定義：城市是一個「比城鎮和村莊規模更大，也更為重要」的「永久性的、高度組織起來的人口集中的地方」。另外，許多國家以及世界銀行都把「鎮」劃作農村，將「城市」而不是「城鎮」作為與農村相對應的概念。

本書所稱的「城鎮」，遵從國家統計局下發的《關於統計上劃分城鄉的暫行規定（試行）》（以下簡稱《暫行規定》）中的規定，即城鎮是指在中國市鎮建制和行政區劃的基礎上，經本規定劃定的區域。城鎮包括城區和鎮區。

按照國家統計局從統計上的劃分，城區是指在市轄區和不設區的市中，經《暫行規定》劃定的區域，包括：街道辦事處

所轄的居民委員會地域；城市公共設施、居住設施等連接到的其他居民委員會地域和村民委員會地域。鎮區是指在城區以外的鎮和其他區域中，經《暫行規定》劃定的區域，包括：鎮所轄的居民委員會地域；鎮的公共設施、居住設施等連接到的村民委員會地域；常住人口在3,000人以上獨立的工礦區、開發區、科研單位、大專院校、農場、林場等特殊區域。

2.3.1.2 城市化與城鎮化

（1）城市化的概念。國內外學者對城市化的概念分別從人口學、地理學、社會學、經濟學等角度予以闡述。

人口學把城市化定義為農村人口轉化為城市人口的過程，指的是「人口向城市地區集中或農業人口變為非農業人口的過程」。當然，人口集中只是城市化的表面特徵，生產方式的變更是城市化的內在動力，而廣義的生活方式（包括政治、文化、社會組織、行為規範、道德準則、價值觀等）的變更則是城市化的綜合結果，三者的協調統一才能揭示城市化的真諦。簡單地說，城市化過程就是農民工作職業化、觀念現代化、行為傳媒化、消費時尚化、交往多樣化的過程。[①]

地理學所研究的城市化是農村地域向城市地域的變化，是一個地區的人口在城鎮和城市相對集中的過程。城鎮化也意味著城鎮用地擴展，地域景觀出現差異，地域性質發生變化，城市文化、城市生活方式和價值觀在農村地域的擴散過程。

從社會學的角度來說，城市化就是農村生活方式轉化為城市生活方式的過程。從社會發展的角度看，城市是先進生活方式的發源地，隨著社會的發展，人們不斷被吸納到城市的生活組織中去，形成了與農村相對應的城市社會。同時，城市生活方式擴展到農村，導致農村生活方式發生質變，社會生活向城

---

① 王春光，孫暉. 中國城市化之路 [M]. 昆明：雲南人民出版社，1997.

市狀態轉化。

經濟學從工業化的角度來定義城市化，強調城市化就是農村經濟轉化為城市化大生產的過程。城市化是工業化的必然結果，工業化會提高農業生產的機械化水平和農業生產率，同時工業擴張為農村剩余勞動力提供了大量的就業機會。產業轉型帶來了人口聚集，加強了生產的社會化和專業化，造就出城市性聚落的面貌。

綜上所述，城市化就是傳統農業社會向現代城市社會發展的自然歷史過程。它表現為人口向城市集中、城市數量增加、城市規模擴大以及城市現代化水平提高，是社會經濟結構發生根本性變革並獲得巨大發展空間的表現。

城市化具有以下內涵：城市化是城市人口比重不斷提高的過程；城市化是產業結構轉變的過程；城市化是居民消費水平不斷提高的過程；城市化是城市文明不斷發展並向農村滲透和傳播的過程；城市化過程是人的整體素質不斷提高的過程；城市化是農村人口城市化和城市現代化的統一。①

（2）城鎮化的概念。「城鎮化」一詞的出現要晚於「城市化」，它是中國學者創造的詞彙。從事宏觀經濟研究的政策專家和學者們，大多願意使用城市化的概念。一方面是因為國際上沒有城鎮化的說法，另一方面是希望未來中國的城鎮化聚焦於各類大中城市和城市群。

另有一批學者根據中國的國情，傾向於採用城鎮化的提法，這也是目前中央既定政策的提法。其理由是不能把未來農村人口轉移集中到各類城市，擔心出現拉美國家和印度等國的「城市病」，擔心城市出現貧民窟而引發一系列社會問題。促進小城

---

① 孫久文，葉裕民. 區域經濟學教程 [M]. 2版. 北京：中國人民大學出版社，2010：185-186.

鎮發展可以把城鎮化的矛盾分解到小城鎮，在這裡進行配套的改革，把不穩定因素減到最少。

1983年，費孝通先生提出了「小城鎮大問題」。特別是1998年10月黨的十五屆三中全會提出「小城鎮，大戰略」，進一步提升了小城鎮的地位，使得發展小城鎮成為推進中國城市化的重要途徑。辜勝阻在《非農化與城鎮化研究》（1991）中使用並拓展了「城鎮化」的概念，在后來的研究中，他力推城鎮化這一概念，並獲得一批頗有見解、影響較廣的研究成果。在中國共產黨第十五屆五中全會通過的《中共中央關於制定國民經濟和社會發展第十個五年計劃的建議》中正式採用了「城鎮化」一詞。

不同的學科從不同的角度對城鎮化的含義做出瞭解釋。通過比較可以發現，對城鎮化內涵的認識是一致的：城鎮化是指農村人口不斷向城鎮轉移，第二、第三產業不斷向城鎮聚集，從而使城鎮數量增加、城鎮規模擴大的一個歷史過程。它主要表現為隨著一個國家或地區社會生產力的發展、科學技術的進步以及產業結構的調整，其農村人口居住地點向城鎮的遷移和農村勞動力從事職業向城鎮第二、第三產業的轉移，以及在此過程中城鎮基礎設施和公共服務設施不斷完善，城市的文化和價值觀念成為主體，並不斷向農村擴散。城鎮化也是在實現工業化、現代化過程中所經歷社會變遷的一種反應。

城鎮化作為一個歷史過程，不僅是城鎮數量增加與規模擴大的過程，同時也是城鎮結構和功能轉變的過程。這一歷史過程包括四個方面：第一，城鎮化是農村人口和勞動力向城鎮轉移的過程；第二，城鎮化是第二、第三產業向城鎮聚集發展的過程；第三，城鎮化是地域性質和景觀轉化的過程；第四，城鎮化是包括城市文明、城市意識在內的城市生活方式的擴散和傳播過程。

從一定意義上說，城鎮化就是具有中國特色的城市化，是中國城市化的起步階段。

2.3.2 城市化水平的度量

城市化指標是對城市化的具體量化，它應當準確、客觀地反應城市化的水平，並便於計算和比較。

2.3.2.1 城市化水平指標

衡量城市化指標發展水平，通常用城市化率作為數量標準。

$$PU = \frac{U}{P} \times 100\%$$

式中：PU 指城市化率，U 指城鎮人口，P 指總人口。

城市化率是某一地區的城鎮人口（指居住在城鎮範圍內的全部常住人口）在其總人口中的比重。這一指標是國際公認的衡量城市化水平的權威指標，也是中國統計部門常用的指標。

2.3.2.2 城市化速度指標

城市化速度是指城市化水平較其前一年的增長幅度，或某期間內城市化水平增長的平均幅度。

$$TA = \frac{1}{n}(PU_{t+n} - PU_t)$$

式中：TA 指城市化速度，n 指兩時刻間的率數，PU_{t+n}、PU_t 指在 $t+n$ 年和 t 年的城市人口百分比。公式中城市化速度（TA）的單位是城市人口比重平均增長（或減少）的百分點，而不是百分比。

2.3.2.3 城市化質量指標

城市化質量指標並不單一，而是綜合各種指標的指標體系。這裡採用葉裕民提出的衡量城市化質量的指標體系，並作稍微改動，分為兩大體系，即城市現代化指標體系和城鄉一體化指

標體系。①

(1) 城市現代化指標體系。城市現代化是城市素質的綜合反應，具體體現在城市發展水平的方方面面。衡量城市現代化的指標體系劃分為三大類11個指標。

第一類，經濟結構現代化水平指標，主要包括3個指標：人均GDP（元/人）、第三產業從業人員比重（%）和第三產業增加值占GDP比重（%），用於反應經濟發展水平。

第二類，基礎設施現代化水平指標，包括4個指標：人均鋪裝道路面積（平方米），萬人擁有公共汽車、電車（輛），萬人擁有醫生數（人），萬人擁有電話機（包括移動電話）數（部），它們分別反應交通、醫療衛生、通信的發展水平。

第三類，人的現代化水平指標，包括4個指標：人均擁有公共圖書館藏書（冊）、萬人擁有在校大學生數（人）、人均居住面積（平方米）以及人均公共綠地面積（平方米），分別反應人的素質、人的居住環境狀況以及文化基礎設施的發展水平。

(2) 城鄉一體化指標體系。城鄉一體化是城市與鄉村在一個相互依存的區域範圍內結為一體，互補融合、協調發展、共同繁榮的過程。衡量城鄉一體化的指標體系理論上包括4個指標：第一產業與第二、第三產業平均利潤率；城鄉之間物質流和信息流狀況；城鄉居民收入差異；城鄉居民恩格爾系數差異。

由於受統計資料的限制，這裡選擇了城鄉居民收入差異（反應生活水平）和城鄉居民恩格爾系數的差異（反應生活質量）兩個指標來計算當前的城鄉一體化水平。

2.3.3 城市化的演化規律

城市化發展具有階段性規律、聚集性規律、不平衡性規律

---

① 葉裕民. 中國城市化之路——經濟支持與制度創新 [M]. 北京：商務印書館，2005：206-210.

與工業互動的規律。發達國家的城市化，呈現出起步早、城市化水平高和出現逆城市化現象的特點；而發展中國家的城市化呈現出不同的特點，表現為起步晚、發展快，城市化水平較低，城市發展不合理。

2.3.3.1 諾瑟姆曲線

通過對發達國家城市化過程的研究，美國城市地理學家諾瑟姆（Nartham）在其1979年出版的《城市地理》一書中描述，城市化的發展過程具有階段性規律。他把一個國家和地區的城市化進程概括為一條稍被拉平的S形曲線（見圖2-2）。

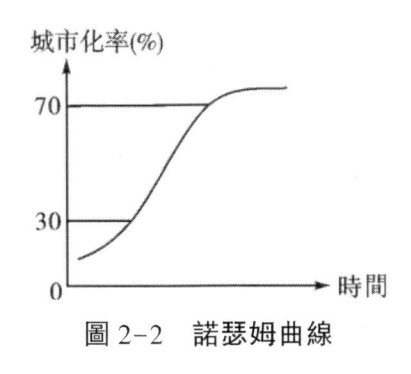

圖2-2 諾瑟姆曲線

從圖2-2中可以看出，該曲線有兩個臨界點：30%和65%（或70%）。城市化過程分為三個階段：

第一階段也被稱為前城市化階段，是城市化水平較低、發展較為緩慢的準備階段（城市化水平在30%以下），表明這個國家或地區的城市化進程開始啓動。通常情況下，這一時期的經濟發展處於工業化的起步階段。

第二階段是城市化的高速發展階段，即人口向城市迅速集聚的中期加速階段（城市化水平介於30%～65%或70%），是這個國家或地區的工業化和現代化階段。這一時期的經濟發展處於工業化的中期階段。

第三階段在城市化水平達到65%或70%以後即進入高度城

市化階段。這個國家或地區進入成熟的城市社會，基本上實現了現代化，此后城市人口比重增長又趨緩慢甚至停滯。

焦秀琦（1987）和謝文蕙（1988）等人分別對全世界和部分國家的城市化發展水平進行時間序列迴歸，得出如下結論：第一，城市化進程要經歷發生、發展、成熟三個階段。第二，西方發達國家工業化起步早，已進入城市化的高級階段；發展中國家由於工業化起步晚，尚處於城市化的初級階段。

多方面資料顯示，城市化呈階段性規律不限於已經實現了高度城市化的發達國家，而是一個普遍規律，整個世界的城市化總體水平和發展中國家的城市化水平都會出現 S 形的發展軌跡，中國也不例外。

2.3.3.2 雙 S 曲線

在對發達國家和發展中國家城市化進行比較的過程中，饒會林（1999）把 S 形曲線修改為雙 S 形曲線（見圖 2-3），找出城市化差異的必然性和規律性。圖 2-3 中 S1 表示發達國家城市化的整體發展軌跡，S2 表示發展中國家城市化的整體發展軌跡。

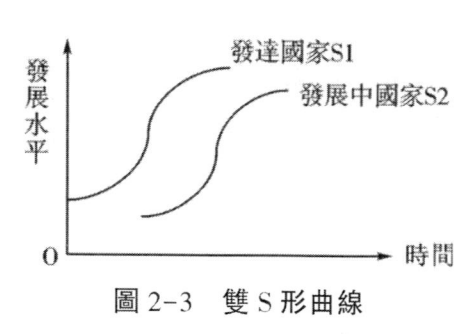

圖 2-3 雙 S 形曲線

發展中國家與發達國家的城市化水平呈最終縮小的特徵或規律，這主要是由於后發優勢的出現，即發展中國家通過學習繼承和引進先進國家和地區的科學技術、文化知識，縮短了自己的摸索過程，節約了投入。

2.3.3.3 社會生產力水平和城市文明普及程度的階段性

王保畬和羅正齊在《中國城市化的道路及其發展趨勢》（1993年）一書中，認為「社會生產力水平和城市文明普及程度的階段性」是產生「城市化進程的階段性規律呈 S 形曲線運動」的最重要原因。

一般來說，如果城市人口不足總人口的 10%，城市的輻射力和吸引力有限，城市文明基本上只限於城市裡的居民享受；而當城市人口達到總人口的 20%~40% 時，城市的輻射力和吸引力開始增強；城市人口達到總人口的 50% 以上時，城市文明的普及程度可以達到 70%；當城市人口占總人口 70%~80% 時，城市文明普及率可以超過 90%，甚至達到全社會。如此，即使不居住在城市裡，照樣可以享受到絕大部分甚至全部的城市文明。

2.3.3.4 大城市超先發展規律

所謂大城市，通常指人口超過 50 萬人的城市。但是各國的標準並不統一，甚至相同國家在不同時期也會不一樣。根據《中國城市統計年鑒》對城市的分類，市區非農人口數量在 50 萬~100 萬的城市為大城市。

胡兆量在 1986 年發表了《大城市的超前發展及其對策》一文，針對市區非農業人口超過百萬的大城市進行研究，提出了「大城市超前發展規律」。通過對國內外的統計資料進行研究，發現在城市化發展的一定階段內，城市人口的規模結構變動具有大城市超先增長的規律。大城市的人口增長速度比城市人口增長快，比總人口增長更快。

胡兆量認為，由於不同產業對集聚效益的追求，促成了大城市的超先增長。第一，工業佈局要求要有集聚效益和規模經濟效益，工業生產需要廣泛協作，要求工業佈局在大城市，這對大城市的增長有重要影響；第二，金融、信息、貿易、科技、文教等第三產業部門對集聚的要求比工業更強烈，第三產業的

迅速發展及其集聚特性對大城市的增長有決定性影響；第三，農業勞動的第二產業化和第三產業化推動了城市和大城市的發展；第四，原料、燃料、食品的補給是大城市發展的重要限制因素，然而運輸技術的進步削弱了這一限制因素的作用，使得大城市在集聚方面獲得的經濟效益可以超過補給上的支出；第五，新興工業在佈局上對集聚的要求比傳統工業更高，更需要大城市的增長。

2.3.4 城市化發展目標的轉換

從城市化的歷史實踐中可以看到，隨著科學技術和人類認識水平的提高，城市化的目標取向經歷了由初級向高級轉換的過程。

在城市化發展的初期，經濟發展的不斷增長，使人們的物質生活水平大大提高，城市化發展表現出以物質財富增長為核心、片面追求經濟增長的特點。這一時期城市化的目標，就是追求單一的經濟增長。每次科技革命形成的巨大生產力，增強了人們攫取自然資源的能力，人們的消費慾望不斷膨脹，城市經濟出現了空前的「增長熱」。20世紀30年代，「國民生產總值」成為國民經濟核算的核心，這一指標就成為衡量國民生活水平和評價經濟福利的綜合指標，片面追求增長的城市化發展目標就被具體化為追求 GDP（GNP）的增長。

城市化發展進入經濟發展和社會發展並重的階段，城市化的發展目標出現二維指向。雖然 GDP 指標在增長，但是經濟結構和社會結構並沒有得到相應改善，隨之出現貧困、失業、收入分配不均、住房擁擠、交通不便等一系列社會問題，特別是生態環境的惡化，降低了人們的生活質量。人們開始修正發展目標，加入一系列社會發展指標，如預期壽命、嬰兒死亡率、小學入學率、成人文盲率、獲得衛生保健的人口、使用衛生設

施的人口、營養狀況、貧困人口，等等。

　　城市化發展開始謀求經濟、社會與資源環境的協調發展，發展目標開始由二維狀態轉換為三維指向。20世紀70年代后，儘管人們對人與自然關係的認識不斷加深，但是「城市病」這一頑疾仍不能根治。人與自然關係惡化導致的后果，使人們認識到工業化和城市化給資源環境帶來的壓力，開始對片面追求經濟增長的發展模式提出質疑，並確立了經濟、社會和資源環境可持續發展的戰略目標。

　　回顧歷史可以看到，城市化的發展要以經濟、社會和資源環境的協調發展為指導原則，城市發展與城市對人口和就業的吸納能力、城市基礎設施和環境的承載能力及城市的管理能力要保持動態平衡，使城市在數量、規模、結構、等級和功能等方面不斷優化。實現城市人口、經濟、社會和資源環境的協調發展，是現代城市化發展的正確道路和必然選擇。

3 人口均衡城市化的提出與評價指標

3.1 人口均衡城市化的概念及內涵

3.1.1 人口均衡城市化的提出

新中國成立以來，中國的城市化大體經歷了三個階段：計劃經濟時期政府嚴格控制的城市化階段；社會主義市場經濟條件下政府與市場共同作用的多元城市化發展階段；21世紀，城市化發展也進入了一個新的時期，國家提出「走中國特色城市化道路」的總體要求。

3.1.1.1 走人口均衡城市化道路是對傳統城市化發展方式的反思

人類的城市化大體經歷了三個階段。第一階段是以英國為代表的西歐發達國家的城市化，這一時期是由工業化推動的城市化。英國的城市化用了200年的時間，期間英國的殖民地接納了許多英國移民，減輕了城市化發展過程中的資源、能源和環境的壓力。第二階段是美國和北美的城市化，這一時期，雖然市場在城市化中發揮著關鍵作用，但是政府卻沒有及時通過

政策措施引導城市化健康發展，而是任其自由發展，結果造成了城市低密度外延發展、土地浪費嚴重、資源能源消耗大、貧富差距加劇、城市生態化境惡化等問題。第三階段是印度、拉美和其他發展中國家的城市化。印度和拉美國家的人口自由流動，大量的農民尤其是無地農民向城市轉移，但是政府沒有注意促進可容納大量就業的小企業的發展，導致進入城市的人口收入較低。農民在農村沒有土地資產可變現，在城市沒有增長較快的收入，政府財力又對低收入人群的住宅供給沒有提供支持，最后只能使他們在貧民窟中安身，導致城市社會問題日趨嚴重。聯合國開發計劃署和人居署在2004年的聯合報告中指出：傳統的城市化不僅造就了更加貧困的農村，也造就了城市中的大量貧民，這種社會不公平從農村向城市的急遽蔓延，成為導致「拉美陷阱」的主要原因之一。[①]

總體而言，傳統城市化發展方式的負面效應主要體現在以下方面：

第一，城市通過攫取農村的大量財富獲得發展，但農村居民卻未能充分享受國民待遇，出現農村和城市之間的對抗；城鄉二元結構不斷加劇。第二，城鄉之間的貧富差距向城市內部的貧富差距推移，導致貧富差異與區域差異日益擴大。第三，發展中片面關注城市，造成城鄉之間要素的單向流動，城市「攤大餅」式擴張，「城市病」日益嚴重。第四，城市之間的產業同構現象嚴重，城市內部三次產業的產業鏈簡單，關聯性差。第五，城市資源消耗量大，污染集中，人居環境和生活質量下降，人與自然、人與人之間的和諧程度降低。

鑒於此，既要發揮傳統城市化的優勢，又要避免傳統城市

---

① 牛文元，李倩倩. 中國新型城市化戰略的認識 [J]. 科學對社會的影響，2010（01）：14-20.

化形成的弊端，那麼人口均衡城市化戰略則是必然選擇。

3.1.1.2 走人口均衡城市化道路是促進經濟社會發展、全面建成小康社會的要求

黨的十七大在十六大確立的全面建設小康社會目標的基礎上，對中國的發展提出新的更高要求，即「增強發展協調性，努力實現經濟又好又快發展；擴大社會主義民主，更好保障人民權益和社會公平正義；加強文化建設，明顯提高全民族文明素質；加快發展社會事業，全面改善人民生活；建設生態文明，基本形成節約能源資源和保護生態環境的產業結構、增長方式、消費模式」。黨的十七大同時做出了加快經濟發展方式的戰略部署，強調要促進經濟增長方式的轉變。時任總書記胡錦濤提出了八點意見：一是加快經濟結構調整，二是加快推進產業結構調整，三是加快推進自主創新，四是加快推進農業發展方式轉變，五是加快推進生態文明建設，六是加快推進經濟社會協調發展，七是加快發展文化產業，八是加快推進對外經濟發展方式轉變。2010年10月，中共十七屆五中全會通過《中國共產黨第十七屆中央委員會第五次全體會議公報》，進一步明確提出加快轉變經濟發展方式必須做到的五個堅持，即「堅持把經濟結構戰略性調整作為加快轉變經濟發展方式的主攻方向，堅持把科技進步和創新作為加快轉變經濟發展方式的重要支撐，堅持把保障和改善民生作為加快轉變經濟發展方式的根本出發點和落腳點，堅持把建設資源節約型、環境友好型社會作為加快轉變經濟發展方式的重要著力點，堅持把改革開放作為加快轉變經濟發展方式的強大動力」。

城市化是經濟社會發展最強有力的物質支持，也是經濟增長的潛力所在，更是經濟結構調整的重要內容。在今後較長一段時間，中國的城市化仍將處於快速發展階段。在這個歷史階段，「應以加快城鎮化為依託，調整優化城鄉和區域結構，擴大

消費需求和投資需求，促進經濟長期平穩較快發展」①。

全面建成小康社會賦予了中國城鎮化建設新的任務，即在穩步提高城鎮人口比重的同時，要努力扭轉城鄉差別、工農差別和地區差別擴大的趨勢，要以更加完備的社會主義法制、更加健全的社會保障體系、更加優美的生態環境等，保證人民安居樂業。因此，隨著全面建成小康社會目標的確立以及更高發展要求的提出，走人口均衡城市化道路是促進經濟社會發展、全面建成小康社會的重要途徑。

3.1.1.3 走人口均衡城市化道路是為了應對全球氣候變化、能源安全的挑戰

當前，人口、資源、環境可持續發展，遏制全球氣候變暖，保障能源安全，是世界各國的共識。1962年美國海洋生物學家蕾切爾·卡遜（Rachel Carson）寫了《寂靜的春天》一書，引起了人們對環境的重視。隨后，羅馬俱樂部發表了《增長的極限》。布倫特蘭夫人領導的世界環境與發展委員會（WCED）於1987年向聯合國大會提交了《我們共同的未來》，該報告從理論上闡述了用可持續發展原則來解決環境與發展問題，並且在實踐上提出了比較全面的建議。1992年聯合國召開環境與發展大會，會議通過了《里約熱內盧環境與發展宣言》和《21世紀議程》等重要文件，提出一個重要口號：「人類要生存，地球要拯救，環境與發展必須協調」，可持續發展思想被世界上絕大多數國家和組織所接受。為了人類免受氣候變暖的威脅，1997年《聯合國氣候變化框架公約》第三次締約方大會上通過了限制溫室氣體排放量以抑制全球變暖的《京都議定書》。2003年，英國能源白皮書《我們未來的能源：創建低碳經濟》中提出「低

---

① 李克強. 關於調整經濟結構 促進持續發展的幾個問題 [J]. 求是，2010 (11)：3-15.

碳經濟」這一概念。

城市既是人類社會經濟活動的重要載體，又是溫室氣體的主要排放者、能源的主要消耗者。隨著城市化進程的不斷加快，城市在快速擴張過程中也在一天天變得脆弱，頻繁發生的災害對城市居民的正常生產生活產生了巨大的威脅。因此，有必要充分重視人與經濟、社會、資源、環境的協調發展，進而促進人口均衡型社會的全面發展。

3.1.1.4 走人口均衡城市化道路是構建人口均衡型社會的必然要求

人口均衡型社會是一種以人口均衡為特徵的新的社會發展形態，是可持續發展社會的具體表現形式。它既表現出人與人的均衡，也表現出人與經濟、社會、資源和環境的均衡。所謂人口均衡型社會，是指社會中實現了人口的數量、素質、結構和分佈之間的動態平衡，同時人口與經濟社會發展水平相協調、與資源環境承載能力相適應。具體來說，人口均衡型社會包含以下幾層含義：第一，人口自身的發展是均衡的；第二，人口與資源環境之間是可持續發展的；第三，人口與經濟社會發展是和諧的。

人口均衡型社會是在「穩定的人口系統內部諸要素均衡發展的基礎上，按照科學發展觀和可持續發展理念的指導，探求與人口規模、結構分佈等要素相關的人口發展與經濟發展、社會穩定、資源承載和環境保護之間協調平衡的社會發展模式」[①]。人口均衡型社會既要求人口系統內部各要素之間均衡，又要求人口系統與經濟社會系統和資源環境系統之間協調發展。

資源節約型、環境友好型和人口均衡型社會被學者們並稱

[①] 陸杰華，朱薈. 建設人口均衡型社會的現實困境與出路 [J]. 人口研究，2010（07）：21.

為「三型社會」。建設「三型社會」是當前緩解資源供給矛盾、保護生態環境、統籌解決人口問題、實現可持續發展的根本出路，也是在中國社會經濟條件、資源環境壓力和人口現實狀況下，堅持以人為本、和諧發展的要求，實現人口與經濟、社會、資源、環境協調發展的必然選擇。

3.1.2 人口均衡城市化的概念

3.1.2.1 均衡

均衡就是平衡，指一個系統的各個方面或一個事物對立的各方面在數量或質量上的相等、相抵或相適。同時，不同的學科又對「均衡」一詞進行了不同的詮釋。

物理學認為，均衡指的是一個系統的特殊狀態，是相互對立的力量同時作用於這個系統，且作用力相互抵消，合力為零，使系統處於穩定狀態（張曙光，1992）。

經濟學最初研究的均衡，就是市場均衡，有以下兩個方面的涵義：第一，供給和需求兩種對立的力量在量上處於均等狀態，即變量均等（Equality）；第二，決定供求的任何一種勢力此時不具有改變現狀的動機或能力，即行為最優（Optimum）或行為確定。同時具有以上兩方面涵義的市場均衡就被稱為古典意義上的經濟均衡。若假定市場是完全的，每個市場都是完全競爭的，那麼古典均衡也就是所謂的「瓦爾拉斯均衡」。樊綱（1991）認為，均衡有兩層涵義：一是變量均衡，指對立雙方能動力量相等的均等狀態；二是行為均衡，指對立雙方均不具有改變現狀的動機和能力，系統處於穩定狀態，具有可持續性。變量均衡和行為均衡是衡量均衡狀態的兩個坐標：變量均衡決定狀態均等、不均等，行為均衡則決定狀態可持續、不可持續。均衡狀態不僅體現變量關係，更體現行為主體背後的利益關係和制度環境。與均衡相對，經濟學中還有「非均衡」的概念。

均衡分析法是經濟理論研究的一種方法和必要抽象。經濟學中的均衡分析（Equilibrium Analysis）是在假定各種經濟變量及相互關係已知的情況下，考察達到均衡狀態的條件和狀況的一種分析方法，包括局部均衡分析和一般均衡分析。局部均衡分析是假定在其他條件不變的情況下，考察單一的商品市場達到均衡的狀況和條件。一般均衡分析則是在充分考慮所有經濟變量之間關係的情況下，考察整個經濟系統完全達到均衡狀態時的狀況和條件。

在博弈論中，均衡是指博弈達到的一種穩定狀態，沒有一方願意單獨改變戰略，是所有參與人最優戰略的組合。按照博弈的分類，均衡可以分為四種基本類型，即納什均衡（Nash Equilibrium）、子博弈精煉納什均衡、貝葉斯納什均衡和精煉貝葉斯納什均衡。納什均衡是完全信息靜態博弈的解；子博弈精煉納什均衡是完全信息動態博弈的解；貝葉斯納什均衡是不完全信息靜態博弈的解；精煉貝葉斯納什均衡是不完全信息動態博弈的解。博弈論中最基礎、最重要的就是對應於完全信息靜態博弈的納什均衡。

管理哲學中存在著均衡管理的思想，即通過研究組織或系統內部各要素間的邏輯關係，及其與外部環境間的發展變化規律，把握其均衡關係和運行機制，使之內外部各要素在「質」「量」和「能」等方面保持合理的「度」，在結構方面保持相對穩定，在關係方面保持相互協調、相互適應，以期實現組織或系統的整體和諧，從而發揮其最大效能的可持續發展的管理方法。均衡管理是動態管理，具有目的性，是強調立體性、系統性、整體性、關聯性、等級結構性、動態平衡性、持續性的管理。均衡管理追求的目標是：「管理者均衡地處理好各種錯綜複雜的關係，促進社會、企業、家庭及個人均衡、穩健、和諧、

持續發展。」①

3.1.2.2 人口均衡與人口均衡發展

人口均衡理論本質上是可持續發展理論，是均衡理論在跨學科中的延伸與拓展（陸杰華，2010）。

（1）人口均衡。中國人口與發展研究中心的人口長期均衡發展課題組（2010）發表的《以科學發展為主導，構建人口均衡型社會》一文，對人口均衡理論進行了深入研究。他們認為，人口均衡是指在一定的社會生產方式和一定的價值取向下，依據人口數量、質量、結構分佈等內部關係，來決定人口供給；依據人口系統與經濟、社會、資源、環境系統等外部關係，來決定人口需求；人口的供給與需求之間應保持均等、可持續的狀態。

人口均衡應包括人口的內部均衡、外部均衡和總均衡三個部分，不同時期主導人口失衡、構建人口均衡的驅動力也不同。人口內部均衡是指人口自身的均衡發展，來自於出生力和死亡力「雙輪驅動」。人口內部均衡創造人口的供給，其變動受人口自身變動規律的影響，人口數量與人口結構是主要變量，人口數量決定人口結構。人口外部均衡是指人口與社會、經濟、資源、環境的協調發展，來自於資源環境自然承載力和社會經濟制度承載力「雙輪驅動」。人口外部均衡創造人口的需求，其變動受制於經濟、社會、資源、環境的發展規律，社會生產方式與人口再生產類型是其主要變量，社會生產方式決定了人口再生產類型。人口內部均衡與人口外部均衡分別有自身的供給與需求體系，當兩個體系有效匹配時，就會實現人口總均衡。② 具

---

① 徐景宏，陳勇. 全面均衡管理實務 [M]. 北京：經濟管理出版社，2008.

② 人口長期均衡發展課題組. 以科學發展為主導，構建人口均衡型社會 [J]. 人口研究，2010（09）：13-14.

體的結構關係如圖 3-1 所示：

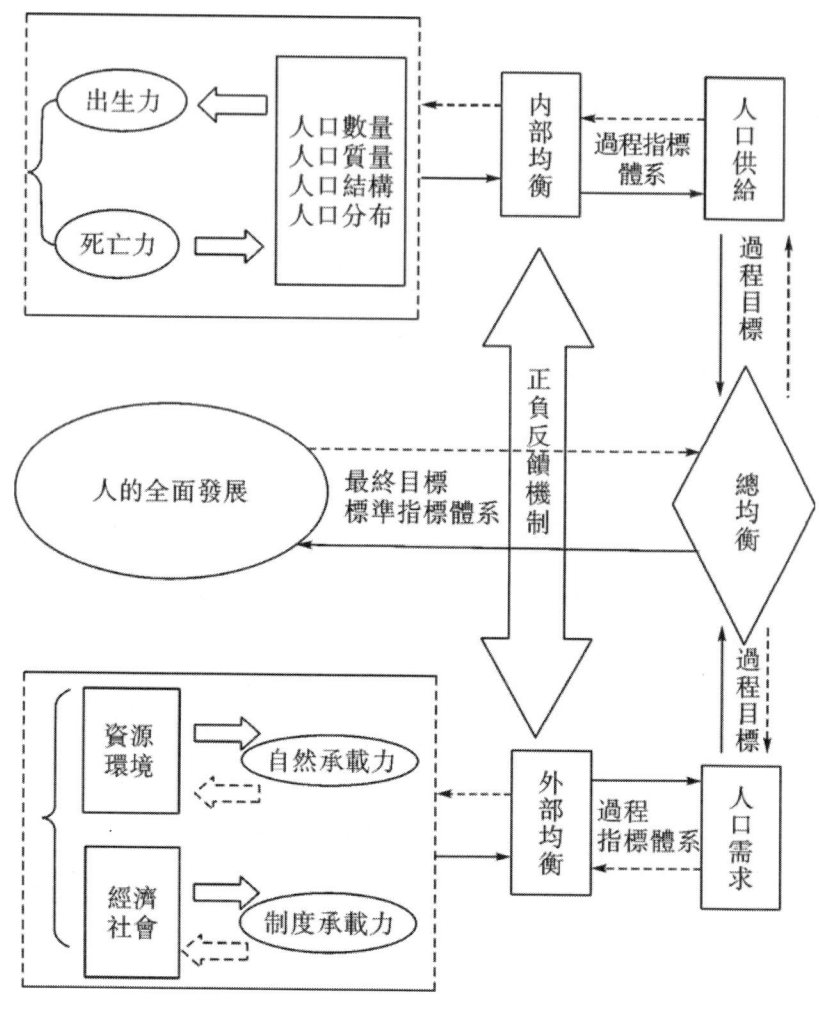

圖 3-1 人口均衡發展框架圖

資料來源：人口長期均衡發展課題組，以科學發展為主導，構建人口均衡型社會［J］．人口研究，2010（09）：14．

可以看到，人口長期均衡發展課題組對「人口均衡」所給出的定義，是基於經濟學中的一般均衡理論，屬於狹義的人口均衡。「均衡」一詞應用在人口發展方面，它有以下兩層涵義：其一，人口作為一個整體，應該與其外部各方面因素的力量相

平衡。它是指「人口發展既不能落后於經濟、社會、資源、環境等因素的發展,也不能超出經濟、社會、資源、環境等因素所能承受的範圍」。其二,在人口內部,各個要素間的力量作用要平衡。人口內部各要素是相互作用的,而且各個要素都有自身的理想狀態。所以,人口各要素內部力量的平衡是「各個要素在相互作用的過程中都應向其理想狀態發展,不會由於其中某個(或多個)要素的發展而使其他一個(或多個)要素背離它(們)的理想狀態而發展」。

據此,翟振武等(2010)給出了人口均衡的概念,即人口均衡是指「人口的發展與經濟社會發展水平相協調、與資源環境承載能力相適應,並且人口總量適度、人口素質全面提升、人口結構優化、人口分佈合理及人口系統內部各個要素之間協調平衡發展等目標」[①]。

(2)人口均衡發展。隨著經濟社會的發展和資源環境的持續變化,人口運行會不斷打破原有的均衡狀態,構建新的均衡狀態,由低級人口均衡轉變為高級人口均衡。人口均衡發展也可以從狹義和廣義兩個角度來理解。狹義的人口均衡發展,是指一個國家或地區人口各要素及其變化之間的動態平衡,並且人口的再生產、質量、結構和分佈向更高級均衡狀態發展的過程。廣義的人口均衡發展,既包含了狹義的人口均衡發展的全部內容,還將其擴展到人口發展與社會經濟發展以及資源環境的關係。因此,人口均衡發展是指「一個國家或地區人口各要素變化之間的動態均衡,並使人口的再生產、質量、結構和分佈及其與社會經濟發展及資源環境關係向更高級均衡狀態發展

---

① 翟振武,楊凡. 中國人口均衡發展的狀況與分析[J]. 人口與計劃生育,2010(08):11.

的過程」①。

人口均衡發展所涉及的問題，大體包含以下內容：人口規模、出生率、死亡率與年齡結構均衡；資源環境約束及社會經濟發展中的人口規模均衡；生育率下降的性別均衡；生育政策與生育意願的均衡；勞動力的供求均衡；養老供求的均衡。

人口均衡發展是一個長期、複雜的過程，其中包含了三大系統：人口系統、自然環境系統和社會經濟系統。人口系統和自然環境系統的變化相對較緩慢，變化週期也相對較長，其變量具有「惰性」。而社會經濟環境系統中的變量則非常活躍，同時能夠引起其他兩個系統要素的變化，引起整個系統呈現「均衡—非均衡—均衡」的運動形態。由於社會經濟系統中的要素活躍，使得這三個系統的均衡關係具有動態性。當社會經濟變量發生變動時，例如科學技術快速進步時，會促使人口與社會經濟和資源環境的關係發生變化，進而改變人口均衡點。因此，人口均衡發展具有長期性和動態性。

一般而言，實現人口均衡發展有以下方法：首先是採用人口手段，即通過調控人口變量促進人口均衡發展；其次是採用社會經濟手段和科學技術手段，即通過社會經濟和科學技術進步來促進人口均衡發展。李建民（2010）認為，社會經濟手段和科學技術手段較人口手段更為有效。一方面，人口手段也是以社會經濟手段和科學技術手段為基礎的；另一方面，社會經濟手段和科學技術手段也可以直接調控人口系統、自然環境系統和社會經濟系統之間的關係，促進人口均衡發展。當然，三種手段的運用一定要彼此協調、相互支持、相互補充，形成統一的合力。

---

① 李建民. 論人口均衡發展的概念與要義 [J]. 人口研究, 2010（05）: 45.

3.1.2.3 人口均衡城市化的內涵

王雅莉在《城市化經濟運行分析——一個城市化經濟的均衡模型及其應用》（2004）一書中，率先運用經濟學中的均衡和非均衡理論研究了中國的城市化經濟運行情況。周鐵訓（2001）則首先提出了「均衡城市化」的概念。均衡城市化是隨著社會經濟發展，城市化過程與國民經濟發展相適應，其所達到的水平相對於國民經濟而言既不「超前」也不「滯后」；它既是該期國民經濟發展水平的象徵，也是下期經濟增長最大化的條件之一。概括地說，所謂均衡城市化，就是「一定時期內，技術條件和資源是給定的，能夠滿足經濟增長和社會效益最大化條件的城市化水平、速度與城市體系規模結構及其變動的有機統一」[①]。在具體的實踐中，均衡城市化是在城市化的過程中，城市化速度始終保持在邊際聚集效益等於邊際聚集成本的動態均衡點上。

劉愛梅（2010）在周鐵訓的均衡城市化理論基礎上提出「均衡型城市化模式」，即城市規模體系實現均衡化發展，在城市公共資源配置上轉向大城市與中小城市、農村的雙向對流，促進產業結構轉型升級，政府的公共服務職能轉向為生產生活服務。辜勝阻（2010）提出了「均衡城鎮化」的思想，指出推進城鎮化的關鍵是實施均衡城鎮化戰略，未來不僅要發揮大都市圈的聚集效應和規模效應，也要重視中小城市和縣城，積極推進農村城鎮化，促進區域協調發展。

以上研究多是基於經濟學中的均衡與非均衡、一般均衡與動態均衡理論，研究城市化進程中的經濟運行，片面關注城市化與經濟增長等指標間的相互關係，忽略了人口、經濟、社會

[①] 周鐵訓. 均衡城市化理論與中外城市化比較研究［M］. 天津：南開大學出版社，2007：53.

和資源環境的協調發展。

由此，從人口學的角度，基於對人口均衡發展、可持續發展理論和城市化等相關理論的認識，結合國內外城市化實踐的經驗，本書提出「人口均衡城市化」的概念。

所謂人口均衡城市化，是指在人口城市化發展進程中，農村人口向城市人口轉化的數量、質量和規模結構與城市發展相適應；農業人口向非農產業轉移的規模、質量及內部結構滿足城市經濟發展的要求；城市人口的規模、結構和質量與社會經濟發展相協調、與資源環境承載力相適應；充分發揮城市的功能和效應，並實現大中小城市佈局合理、分工協作、功能互補、區域間協調共進的最優發展狀態。

人口均衡城市化應有以下幾層涵義：

首先，在人口城市化發展進程中，農村人口向城市遷移的數量、質量、結構、分佈等應滿足城市發展的需要，同時城市內部各要素間的力量作用要均衡。因此，要合理引導農村人口向城市有序轉移，在增加城鎮人口數量的同時，注重人口質量的提高、人口結構和分佈的優化；注重教育、就業、住房、醫療、養老等保障機制的健全和完善，保證進城農民「進得來、留得住、住得下、生活得好」；持續完善城市基礎設施和公共服務設施，提高城市管理水平，進一步增強政府的引導和服務作用。

其次，人口城市化的發展要與經濟、社會的發展相協調，與資源、環境承載力相適應。要求在提升城市經濟綜合實力的同時，實現工業化與農業現代化的聯動發展，增強城市非農產業對農業的帶動作用和城市對農村的反哺能力；要以更強的城市承載能力為支撐，在加快城市化發展的同時，注重城市人口與經濟社會活動及城市綜合承載能力相協調；要加快形成資源、能源節約和保護生態環境的產業結構、增長方式和消費模式，

構建經濟高效、社會和諧、生態文明、良性互動的城鄉一體化發展新格局。

最后，城市的分佈與佈局也要均衡，即區域內部的城市或城市群的規模、類型、等級、功能等「結構有序、功能互補、協調發展、整體優化」，並最終實現聚集效應、規模效應、輻射效應和聯動效應最大化。要求在加快推動大中小城市和小城鎮協調發展，重視城市數量增加、規模擴張的同時，更加注重城市體系和功能的不斷完善；要以佈局合理、結構有序、分工協作、功能互補的城市群為主要發展形態，並促進不同規模、類型、結構的城市群之間相互聯繫，在各自不同的等級、分工、功能方面相互補充、協調發展，最終實現規模效應、聚集效應、輻射效應和聯動效應最大化，最大限度獲取區域發展的「發展紅利」[1]。

人口均衡城市化是在中國建設人口均衡發展型社會、資源節約型社會和環境友好型社會的背景下，從可持續發展的角度出發，對中國的城市化建設提出的更高的要求和目標。

3.1.3 人口均衡城市化發展的形態

城市化本身就是人口向城市集中、城市數量增加和規模不斷擴大、城市現代化水平提高以及社會經濟結構發生根本性變革的自然歷史過程。因此，人口均衡城市化並非一個靜態的均衡點，而是一個長期複雜的變化過程，這個過程涉及均衡城市化狀態的變化過程和達到這種均衡狀態所需要的時間，是從非均衡城市化向均衡城市化調整的長期發展過程。

---

[1] 所謂發展紅利，是指區域整合之后所帶來的發展潛力與整合之前的現狀能力之差。實踐證明，當經濟主體從一個低級平臺向一個高級平臺整合時，生產力要素的組合趨好、資源配置趨優、專業化分工趨強、發展成本趨低，發展紅利的「自發」獲取將呈非線性增長（牛文元，2005）。

人口均衡城市化的過程，是人口、經濟、社會、資源、環境各變量之間在「量」和行為上相互作用的過程。各個變量間相互影響、相互促進，達到人口、經濟、社會和資源、環境之間的協調發展，最終實現人口均衡城市化。但是，由於人口、經濟、社會、資源、環境等變量在發展過程中受到影響的因素不同，使得各變量的發展速度也不同步，加之各變量之間的相互影響，就會出現某些變量發展滯后或倒退的現象。因此，在人口均衡城市化的過程中，就會出現以下形態的不斷變換和交替演進：

第一種是城市化的低位相對均衡狀態，即城市化進程中各變量和行為之間不協調、不可持續，其內部各要素間各自獨立發展、彼此間的影響較小，甚至有些要素還不足以影響和制約城市化的發展，城市化進程處於低水平的均衡狀態。

第二種是城市化非協調不可持續的非均衡狀態，即隨著人口、經濟、社會的發展，各變量的發展速度、運動形態各有不同，原有的均衡狀態被打破，並不斷有新的變量加入城市化進程中。同時，各要素之間的影響作用不斷增強，內部的不協調性逐漸凸顯，各要素既彼此制約又相互影響，各變量和行為此消彼長，城市化發展處於不可持續的非均衡狀態。

第三種是城市化的高位相對均衡狀態，即隨著城市化進程的不斷推進，各變量和行為通過矯正性發展和調整實現了協調發展，達到了協調可持續的高位均衡狀態。當然，這種高位均衡狀態也是相對的，隨著經濟社會的進一步發展和人們觀念意識的不斷進步，此時的均衡狀態又會變成相對的低位均衡，還會有更多的變量加入城市化發展進程中，原有的均衡狀態再一次被打破，進而再通過不斷協調和發展實現更高的均衡。如此往復，實現城市化發展由低位均衡向高位均衡的演進（見圖3-2）。

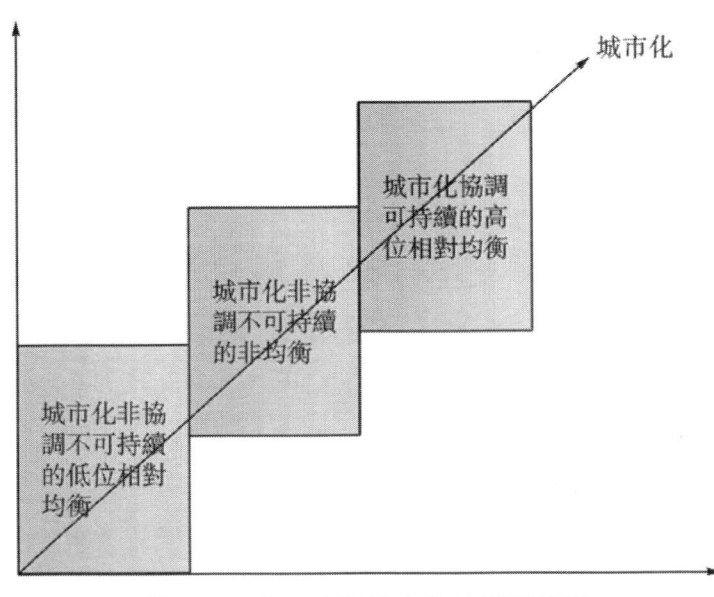

圖 3-2　人口均衡城市化的形態演進

人口均衡城市化是一個「低位相對均衡—非均衡—高位相對均衡—非均衡—更高位相對均衡」依次演進的過程。人口均衡城市化是在一定的歷史階段、一定的社會生產方式下，所實現的協調、可持續的發展狀態，其目標參照系標準是會不斷調整變化的。只要人口均衡城市化的目標參照系發生變化，城市化就會從一種均衡態躍遷到另一種均衡態，期間會出現一個非均衡的過渡階段，但根本目標是實現更高層次的均衡。這也說明，人口均衡城市化發展不是「均衡—非均衡」狀態的簡單輪迴，而是以均衡城市化發展狀態為中心所做的螺旋上升運動。

3.1.4　人口均衡城市化的基本特徵

3.1.4.1　系統性

城市是一個錯綜複雜的複合系統，城市內部存在著複雜的人口結構、經濟結構、社會結構，以及資源、環境結構。城市大系統是由人口子系統、經濟子系統、社會子系統、資源子系

統和環境子系統構成，人口均衡城市化要求各個子系統與子系統、子系統與大系統之間相互協調、相互作用、相互配合，共同確保城市大系統的有機存在和均衡發展。

3.1.4.2 協調性

今后較長一段時間，中國的城市化仍將保持快速發展，協調發展成為人口均衡城市化建設的決定性因素。不僅要實現城市與農村之間的協調發展，城市人口、經濟、社會和資源環境各子系統之間的協調發展，還要實現城市之間、城市群之間在規模、結構、功能等方面的協調發展。同時，這種協調不應只是靜止的、低水平的協調，應該是發展中的協調、高水平的協調。

3.1.4.3 相對性

人口均衡城市化是一種相對均衡，而不是絕對均衡，是在城市化發展過程中人口、經濟、社會、資源、環境的均衡發展狀態。同時，「均衡」一詞本身就包含著價值判斷，人口均衡城市化是受歷史文化、國情和經濟發展水平等多種因素制約的，是在特定的時期、特定的發展階段中的一種相對均衡。在城市化發展的過程中，人口、經濟、社會和資源、環境之間，始終存在著均衡與非均衡的博弈。

3.1.4.4 動態性

人口均衡城市化不是靜態的，而是隨著經濟社會的發展而不斷變化的，是由低位相對均衡狀態向高位相對均衡狀態的演進過程。從相對均衡到非均衡再到相對均衡，是人口均衡城市化的一般過程。期間，任何一項要素的變化都會影響系統內部各變量和行為之間的協調穩定，造成非均衡狀態的出現。雖然人口均衡城市化系統內部有一定的調節能力，但這種調節能力有限，如果超過一定限度，原來發展到成熟穩定階段的均衡城市化狀態就會被破壞，繼而人口均衡城市化系統內各變量就會通過交互影響和調整，實現更高層次的相對均衡。

3.1.4.5 可持續發展性

人口均衡城市化是在城市化發展過程中人口、經濟、社會、資源、環境各變量之間的協調、可持續的均衡發展狀態。人口均衡城市化是城市人口的數量、質量和規模結構由小到大、由低級到高級、由不協調到協調、由非持續到可持續的發展變化過程；也是城市化由低位均衡向高位均衡演進的過程中，人口、經濟、社會和資源環境之間由不協調到協調、由非持續到可持續的發展變化過程。這種可持續發展性應包涵人口的可持續性、經濟的可持續性、社會的可持續性和資源環境的可持續性。

3.1.5 人口均衡城市化的基本原則

3.1.5.1 協調發展原則

國內外的實踐證明，必須採取統籌兼顧的方法，才能促進城市化與經濟、社會、資源、環境的全方位協調發展。要實現城市人口規模、質量、結構與經濟社會、資源環境的協調發展，實現城市化與工業化、農業產業化的協調發展，實現城鄉經濟社會協調發展，實現大中小城市和小城鎮的協調發展，實現區域的協調發展，實現人與人、人與社會、人與自然的協調發展。

3.1.5.2 集約發展原則

集約發展是人口均衡城市化發展的關鍵。從中國城市化建設的實踐來看，改革開放三十多年來，我們將人口城鎮化建設錯誤地執行為城鎮建設，片面地追求城鎮數量的增加和規模的擴張，直接導致了土地資源浪費、能源消耗高、環境污染嚴重等一系列問題。現今，人口、資源、環境等方面的壓力日益突出，粗放型的城鎮化發展模式已經走到盡頭。因此，必須加快從以外延擴張和數量增長為主的粗放型發展模式向以內涵提升和質量提高為主的集約型發展模式的轉變，更加強調產業集聚、人口集中、能源有效利用和資源優化配置，最終實現城市化水平和質量的同步提升。

3.1.5.3 創新發展原則

制度創新是人口均衡城市化發展的保障。在中國，農民仍然對進城后的長遠發展和生計有諸多的憂慮，究其根源在於當前的體制和政策對農民進城及進城后的生產生活還設有一些障礙。只有讓這些農民獲得了與市民平等的財產權、就業權、福利權等權利，並獲得足夠的自我認同和社會認同，他們才會徹底放棄農村，真正轉移到城市。因此，在推進人口均衡城市化建設時，要加強體制、機制和政策創新，逐步消除農民進城障礙，把農民真正逐漸轉移到城市。

3.1.5.4 共享發展原則

人是城市化的主體，因此，要把惠民富民作為推進人口均衡城市化的出發點和落腳點，為城市居民營造更加舒適的生產生活環境，全面改善居民生活質量，滿足居民不斷增長的物質和文化需要。同時，還要努力縮小城鄉收入差距，促進城鄉基本公共服務均等化，全面推進以民生為重點的社會建設，維護社會公平正義，創造平等的發展條件，讓全體人民尤其是進城農民共享城市化的發展成果。

3.1.5.5 多元發展原則

不同時期、不同地區的城市化發展受到自然地理條件、歷史基礎、人口規模、經濟發展水平、文化背景、政策扶持等多種因素的制約，城市化模式也各不相同。例如，中國東部地區資源豐富，耕地面積大，人口密度也大，大城市也集中在東部地區，而廣大的西部地區則多是中小城市，因此，就無法採取相同的戰略來推進人口均衡城市化建設。要按照「分區指導、因地制宜」的原則，以經濟社會發展水平、資源稟賦、區位條件和發展潛力為依據，從自身實際出發，科學制定城市化發展的戰略、思路、目標和相關政策措施，多元協調、多種方式地推動城市化發展。

3.2 人口均衡城市化的指標體系及評價

研究人口均衡城市化，還應在定性研究的基礎上對人口均衡城市化的內涵進行定量分析，並確立一套可供參照的人口均衡城市化的指標體系。但在具體的研究過程中面臨著不少困難：首先，從目前掌握的資料看，國際上還未見這方面的研究文獻，因此沒有可以借鑑的現成指標。其次，國內學者在研究均衡城市化的時候，涉及的衡量指標多局限於城市的經濟發展方面，忽略了人口、經濟、社會和資源、環境等因素之間的互動。同時，由於人口均衡城市化是一個動態、相對的長期過程，所涉及的內涵會受限於作者的知識水平，無法一一揭示窮盡。因此，設置人口均衡城市化的指標和指標體系是一項具有挑戰性和開創性的工作，本書試圖做一些嘗試性的探索。

3.2.1 構建人口均衡城市化指標體系的原則

城市是一個錯綜複雜的複合系統，城市內部存在著複雜的人口結構、經濟結構、社會結構和資源環境結構。相應，要客觀、全面地評價一個城市的人口均衡城市化程度就應遵循科學的指標體系構建原則。

（1）科學性原則，即指標的選取要有科學依據，數據來源要準確可靠，數據處理方法要科學，要全面、系統、準確地體現人口均衡城市化發展的內涵特徵。

（2）完備性原則，即指標體系是有機整體，指標的選取要兼顧城市發展各個方面，要能測度和反應被評價系統的主要特徵和狀態。

（3）相關性原則，即指標體系中各指標之間存在一定的相

關性，各指標相互關聯共同反應人口均衡城市化的內在聯繫和數量關係。

（4）可用性原則，即指標的選取要合理並具有可測性，統計口徑和分類方法要保持一致，所需數據也要容易統計。

（5）可行性原則，即指標的選取要從實際出發，選取的指標要有代表性和典型性，指標數據的取得也要明確並易於量化。

3.2.2 人口均衡城市化指標體系的總體框架

城市是一個具有高度複雜性、多層次的開放的動態發展系統，城市大系統內部包含人口、經濟、社會、資源和環境五個子系統，各子系統間存在著內在的協調性。據此，本書建立人口均衡城市化的指標體系，以期能夠客觀、全面地反應城市化發展的水平與均衡程度（見表3-1）。

表3-1　　　　　　人口均衡城市化的指標體系

	分類	客觀指標	功能及選用理由
P_{1jk} 人口子系統	I_{11k}：人口規模與結構	x_{111}：總人口	反應城市的人口規模
		x_{112}：城鎮人口	反應現實的城市人口規模
		x_{113}：農村人口	反應潛在的向城市居民轉化的人口規模
		x_{114}：人口自然增長率	反應城市人口自然增長速度的指標，同時，由於人口的自然增長率與經濟發展水平密切相關，因此該指標也反應城市的經濟發展水平
		x_{115}：人口密度	衡量城市居民的聚集程度。在一定範圍內，城市人口的聚集程度越高，城市的功能和服務就越能發揮最優效率
		x_{116}：人口總負擔系數（總撫養比）	反應人口年齡結構變化對城市發展的影響
		x_{117}：流動人口比重	反應城市規模的機械增長，同時也反應城市的吸引力和包容力
		x_{118}：從業人員總數	衡量城市人口的經濟參與程度
		x_{119}：第二、第三產業從業人員比重	衡量城市人口經濟參與的水平

表3-1(續)

	分類	客觀指標	功能及選用理由
P_{1jk} 人口子系統	I_{12k}: 人力資本存量	x_{121}: 人均受教育年限	反應人口的受教育程度,也是衡量人口素質的指標
		x_{122}: 教育經費支出占GDP比重	反應社會對教育的重視程度。一個社會對教育投入的數量不但可以反應人力資本的存量,還可以反應該社會可持續發展的潛力
		x_{123}: 高等學校在校學生數	反應城市人力資本的儲備狀況
		x_{124}: 每百人公共圖書館藏書量	反應人的文化素質方面的情況
		x_{125}: 每萬人專業技術人員數	反應城市科研的人力資本投入狀況
P_{2jk} 經濟子系統	I_{21k}: 經濟規模	x_{211}: 國內生產總值	衡量城市經濟規模的指標
		x_{212}: 工業總產值	反應城市工業化程度的指標
		x_{213}: 固定資產投資額	反應城市的經濟建設能力和水平
	I_{22k}: 經濟發展水平	x_{221}: 人均國內生產總值	反應城市經濟實力的綜合指標,是世界公認的反應一個國家或地區經濟實力和水平的指標
		x_{222}: 人均第二產業增加值	反應產業結構的優化程度
		x_{223}: 人均第三產業增加值	
	I_{23k}: 經濟結構與創新	x_{231}: 高技術產品產值占工業總產值比重	反應高新技術產業化的狀況。高新技術產業正逐漸成為現代工業的核心,成為經濟全球化條件下國際分工中的關鍵。該指標還可進一步反應城市可持續發展的潛力
		x_{232}: 服務貿易占外貿進出口的比重	反應經濟外向型的質量和國際競爭力
		x_{233}: 企業R&D支出占GDP比重	反應企業用於科研與開發的經費規模,是國際上衡量某一地區對科技進步重視程度的重要指標

表3-1(續)

分類		客觀指標	功能及選用理由
P_{3jk} 社會子系統	I_{31k}: 人民生活質量	x_{311}: 恩格爾系數	反應居民消費結構的變化狀況。系數越小，說明生活水平越高，反之則低，是一個逆指標
		x_{312}: 平均預期壽命	表示人的身體素質及生命水平，是反應生活質量的指標
		x_{313}: 人均居住面積	反應居民居住水平和生活質量的指標
		x_{314}: 人均可支配收入	反應生活水平和生活質量的指標。隨著經濟社會的發展、城市化水平的不斷提高，居民的收入和消費均應相應提高
		x_{315}: 人均消費支出	
		x_{316}: 人均醫院衛生院床位數	反應醫療保健健全程度的指標，反應各類型衛生保健機構的服務能力，是衡量生活質量的重要指標
		x_{317}: 基本社會保險覆蓋率	反應社會福利的公平化程度。隨著社會進步與發展，其社會福利的公平化程度也應相應提高
	I_{32k}: 城市建設	x_{321}: 人均擁有道路面積	反應城市建設水平和質量的指標
		x_{322}: 人均公園綠地面積	反應環境的優化程度和城市生活質量的指標
		x_{323}: 每萬人擁有公共交通車輛	反應城市基礎設施建設和公共服務的質量和水平，也是衡量城市發展水平和質量的指標
		x_{324}: 城市燃氣普及率	
		x_{325}: 城市用水普及率	
P_{4jk} 資源子系統	I_{41k}: 資源存量	x_{411}: 人均水資源擁有量	衡量城市發展過程中的資源存量的指標。這兩項指標對目前中國城市化的發展影響較大
		x_{412}: 人均耕地面積	
		x_{413}: 人均能源保有儲量	衡量城市發展過程中的能源存量的指標
		x_{414}: 人均礦產資源保有儲量	衡量城市發展過程中的礦產資源存量的指標
	I_{42k}: 資源利用	x_{421}: 萬元工業產值能耗	反應經濟發展過程中能源的節約和資源的利用效率
		x_{422}: 萬元工業產值耗電量	
		x_{423}: 萬元工業產值耗水量	

表3-1(續)

分類		客觀指標	功能及選用理由
P_{5jk} 環境子系統	I_{51k}：水	x_{511}：工業廢水排放量	反應經濟發展過程中城市污水的處理水平
		x_{512}：工業廢水處理率	
	I_{52k}：大氣	x_{521}：空氣中可吸入顆粒物	反應城市空氣質量的指標
		x_{522}：二氧化硫排放量	
		x_{523}：空氣質量達到及好於二級的天數	衡量城市空氣質量的指標，反應城市對大氣環境的影響和改善能力
	I_{53k}：噪聲	x_{531}：環境噪聲的達標面積	反應城市聲環境質量的指標
	I_{54k}：固體廢棄物	x_{541}：工業固體廢棄物產生量	反應經濟發展過程中城市對固體廢棄物的處理能力
		x_{542}：工業固體廢棄物綜合利用率	

（1）人口子系統，主要反應城市人口的數量和質量狀態。人口作為消耗主體，其數量越大、增速越快，對經濟、社會、資源和環境等系統造成的壓力就越大。但是，人口也是創造主體，其質量越高，在促進經濟、社會發展，改善生態環境和資源替代等方面的作用就越明顯。因此，本研究將人口子系統的指標體系分為兩個相互對應的方面，一是人口規模和結構的指標群，二是反應人口質量方面的指標群，即人力資本存量。

（2）經濟子系統，主要反應城市的經濟發展狀況和經濟增長方式。經濟發展是城市化均衡發展的基礎和源泉，也是社會發展、提高人民物質文化生活水平、提高資源利用率和改善環境的基本保證。一方面，經濟發展為社會子系統和人口子系統的運行與發展提供了經濟保證；另一方面，傳統的不可持續的經濟增長方式，導致資源消耗量大、生態環境被破壞、生活質量降低。因此，在經濟子系統指標體系中引入「知識經濟」的理念。知識經濟以高技術產業為支柱，不依賴於稀缺的自然資源，採用低投入、高產出、無污染的綠色生產模式，該模式是

現代城市經濟發展的主導模式。為此,在人口均衡城市化指標體系中將經濟子系統分為三個相互對應的方面,一是反應經濟規模的指標群,二是反應經濟發展水平的指標群,三是反應經濟結構與創新的指標群。

(3) 社會子系統,是以人的生存與發展為中心的系統。城市社會子系統的發展,主要指城市居民生活質量的提高,是其他子系統發展的根本目的。城市居民生活質量的提高是以經濟子系統的發展為支撐和以資源子系統的消耗為代價的,同時還受到環境子系統和人口子系統的制約以及城市基礎設施建設的影響。因此,社會子系統可分為兩個對應的方面,一是反應人民生活質量的指標群,二是反應城市建設的指標群。

(4) 資源子系統,反應城市擁有的資源存量和開發利用狀況。資源的永續利用是人口、經濟和社會子系統可持續發展的基礎,而人口、經濟和社會子系統的發展是以資源的消耗為代價的。人類對資源的開發利用是以科技進步為前提,科技進步有助於開發新資源,增強現存資源的集約化利用程度,提高資源的承載能力。所以,資源子系統的評價存在兩個對應的方面,一是反應資源存量(人均資源擁有量)的指標群,二是反應資源開發利用水平的指標群。

(5) 環境子系統,反應生態環境的質量和人類對生態環境的影響。良好的生態環境為人類的生存和發展提供了根本條件,也為經濟、社會子系統的運行和發展提供了空間。但是,過快的人口增長、不適當的經濟社會發展方式和過度的資源開採造成生態環境的惡化甚至退化,與此同時,人類的生活質量也隨著環境的惡化而下降。近年來中國城市面臨的環境問題日益突出,成為制約經濟發展的因素之一。環境質量成為衡量城市可持續發展的重要指標,也是反應城市化發展過程中人口、經濟、社會、資源和環境協調發展的重要指標。環境子系統分別包含

反應水、大氣、噪音和固體廢物的產生和利用情況的指標群。

3.2.3 人口均衡城市化發展的評價方法

建立人口均衡城市化指標體系的目的是用於評價。由於該指標體系涉及多個方面的多個指標，且各指標的量綱不同，因而可採用多指標綜合評價法來進行評價。其具體步驟如下：

（1）確定各指標的標準值。實際指標值與標準值對比，得出個體指數。

當 x_{ijk} 為正指標時：$Z_{ijk} = \dfrac{x_{ijk}}{x_{ijk}^0}$

當 x_{ijk} 為逆指標時：$Z_{ijk} = \dfrac{x_{ijk}^0}{x_{ijk}}$

式中：x_{ijk} 表示第 i 個子系統、第 j 個方面、第 k 個指標；x_{ijk}^0 表示 x_{ijk} 指標的標準值。

（2）確定各項指標的權重。權重的確定方法大多採用層次分析法（AHP 法）、德爾菲法和變異系數法等，通常可採用實踐經驗與德爾菲法相結合的方法進行賦值，即根據實踐經驗和諮詢相關專家，先確定各子系統的權重，再將權重分配給子系統內的各個指標，整個指標體系中各層次指標的權數相加和為 100。

（3）計算被評價對象的綜合指數。

首先計算被評價對象某個子系統某方面的指數：

$$I_{ij.} = \dfrac{\sum_{k=1}^{K} w_{ijk} x_{ijk}}{\sum_{k=1}^{K} w_{ijk}}$$

其次，計算被評價對象某個子系統的指數：

$$P_{i..} = \frac{\sum_{j=1}^{J} w_{ij} I_{ij.}}{\sum_{j=1}^{J} w_{ij}}$$

最后，計算被評價對象的綜合指數：

$$P = \frac{\sum_{i=1}^{5} w_i P_{i..}}{\sum_{i=1}^{5} w_i}$$

其值越趨於 1，則表明人口均衡城市化發展的程度越高；反之，則表明人口均衡城市化發展的程度越低。

4 中國主要城市人口均衡城市化水平評價分析

在上一章，本書探討了人口均衡城市化的多指標綜合評價法。這種評價方法能夠比較全面、科學地反應人口均衡城市化的程度與水平，同時還可以根據不同時期社會經濟發展目標的變動，調整相應指標的權重，具有較好的靈活性和適用性。但是，多指標綜合評價法需要事先確定各項評價指標的標準值，需要在各個層次對指標或分類指數賦權，這些都帶有很大的主觀性，有時很難給出一套各方都認可的標準值及權數。另外，多指標綜合評價法是直接使用眾多原始指標，也很難避免不同指標反應信息重複。因此，儘管前面給出了一個多指標評價體系，但由於數據方面的限制，本書不使用其進行實證研究，而是採用多元統計中的因子分析方法對樣本城市進行評價。

4.1 人口均衡城市化評價模型分析

因子分析起源於 20 世紀初斯皮爾曼（Charles Spearman）對學生智力測驗成績的研究，后來發展成為研究觀測變量變動的共同原因和特殊原因，從而達到簡化變量結構目的的多元統計方法。本章在前文關於人口均衡城市化理論分析的基礎上，將

因子分析方法運用於評價人口均衡城市化程度，具體探討評價模型的構造、模型參數估計、指標選擇、樣本數據整理以及實證結果解讀。

4.1.1 評價模型的構造

為了反應人口均衡城市化的發展狀況，需要從不同方面進行觀測，比如人口、經濟、公共設施、環境等。反應這些方面有眾多指標，指標之間都存在不同程度的相關性，但很多指標可能都共同受制於少數幾個因素，這些指標值的變動在相當大的程度上取決於這幾個因素的變動。另外，對某個指標來說，其變動除受共同因素影響外，還有其自身的特殊因素。共同因素和特殊因素一起決定了某個指標的變化。為了明確分析共同因素和特殊因素對指標的作用方式，可以設定一個因子分析模型，以評價各樣本城市在人口均衡城市化方面的狀況。

令 $X = (X_1, X_2, \cdots, X_p)^T$，是反應人口均衡城市化的觀測指標。其均值為 $\mu = (\mu_1, \mu_2, \cdots, \mu_p)^T$，協方差矩陣 $\Sigma = (\sigma_{ij})$，$F = (F_1, F_2, \cdots, F_q)^T (q < p)$，表示影響各個指標的共同因素，稱為公因子；$e = (e_1, e_2, \cdots, e_q)^T (q < p)$，表示影響各個指標的特殊因子。則線性因子分析模型為：

$$X = \mu + AF + e \tag{4.1}$$

其中 A 為因子載荷矩陣，是 $p \times q$ 的常數矩陣，其元素 a_{ij} 是第 i 個觀測變量 X_i 在公因子 F_j 上的載荷。

在實際分析時，通常先將 X 標準化，以消除量綱影響。此時因子分析模型變為，

$$X = AF + e \tag{4.2}$$

其中：$E[X] = 0$，$E[F] = 0$，$E[e] = 0$
$Var[X] = R = (\rho_{ij})$
$Var[F] = I$

$$Var[e] = \Psi = diag(\varphi_1^2, \varphi_2^2, \cdots, \varphi_p^2)$$

式（4.2）中，因子載荷 a_{ij} 就是 X_i 與 F_j 的相關係數，因子載荷越大，表明該因子越傾向於表達原始變量 X_i 所對應的經濟意義，因此在實證分析中，經常利用因子載荷大小來判斷公因子的經濟含義；$h_i^2 = \sum_{j=1}^{q} a_{ij}^2$ 是 X_i 的共性方差，反應了觀測變量 X_i 對因子的依賴程度；$g_j^2 = \sum_{i=1}^{p} a_{ij}^2$ 是 F_j 對 X 的各個分量的總影響，是公因子 F_j 對觀測向量的貢獻。

因子分析的目的就是由原始觀測變量的協方差矩陣 Σ 或相關矩陣 R 求出因子載荷矩陣和特性方差，並給公因子賦予實際經濟意義。

在求得了因子分析模型后，就可以進一步求出每個城市在各個公因子上的得分，以公因子貢獻大小為權數，可以計算出每個城市的綜合得分，以此來綜合反應每個城市的人口均衡化狀況。

在統計學文獻中，有很多計算因子得分的方法，其中最常用的是巴特萊特因子得分（Bartlett）和湯姆生（Thompson）因子得分。前者基於極大似然法計算因子得分，估計量是無偏的；后者是基於最小二乘法計算因子得分，估計量有偏，但方差小。本書採用 Bartlett 方法計算各個城市的因子得分，其計算公式如下：

$$\hat{F} = (A^T \Psi^{-1} A)^{-1} A^T \Psi^{-1} X_{(i)} \tag{4.3}$$

其中 A 是對（4.2）式進行估計得到的因子載荷矩陣，Ψ 是特殊因子方差陣，$X_{(i)}$ 是第 i 個城市的原始觀測變量值。

將每個城市的各個觀測變量值代入（4.3）式，就可以得到被評價城市在各個因子上的得分。

每一個城市的總得分值是以各個公因子的貢獻率大小為權

數,對各個因子得分加權,就可以得到被評價城市的綜合得分,也就是每個城市人口均衡化程度的得分。公式如下:

$$Z_i = \sum_{j=1}^{m} w_j F_{ij} \tag{4.4}$$

其中 F_{ij} 為第 i 個城市第 j 個公因子得分,w_j 是第 j 個公因子的貢獻率,m 為選定的公因子的個數。

4.1.2 模型參數估計及因子旋轉

估計 (4.2) 式中因子載荷矩陣 A 和特性方差陣 Ψ 的方法有主成分法、主因子法和極大似然法。本書僅介紹主成分法,后文在實證分析中將採用此方法。

設觀測變量的樣本相關矩陣 R 的特徵值依次為 $\lambda_1 \geq \lambda_2 \geq \cdots \geq \lambda_p \geq 0$,對應的正交單位特徵向量為 $t_1, t_2, \cdots, t_p$。選取相對較小的主成分個數 m,使得累計貢獻率 $\sum_{i=1}^{m} \lambda_i / \sum_{i=1}^{p} \lambda_i$ 達到一個較高的百分比,則 S 可做如下近似分解:

$R = \hat{A}\hat{A}^T + \hat{D}$

其中 $\hat{A} = (\sqrt{\lambda_1}t_1, \cdots, \sqrt{\lambda_m}t_m) = (a_{ij})$,$\hat{D} = diag(\hat{\sigma}_1^2, \hat{\sigma}_2^2, \cdots, \hat{\sigma}_p^2)$,$\hat{\sigma}_i^2 = S_{ii} - \sum_{j=1}^{m} \hat{a}_{ij}^2$。這裡的 $\hat{A}$ 和 $\hat{D}$ 就是因子模型的一個解。

因子模型的參數估計完成之后,需要對模型中的公因子進行合理解釋,給每個公因子一個具有實際意義的名稱。因子解釋帶有一定的主觀性,常常通過旋轉公因子的方法來減少這種主觀性。

如果因子載荷矩陣的所有元素都接近於 0 或 ±1,則模型公因子很容易解釋,很方便地給每個公因子一個實際意義;但如果因子載荷矩陣中多數元素居中,則公因子解釋很困難,需要對因子進行旋轉,使得旋轉后的載荷矩陣在每一列上的元素的

絕對值盡量拉開距離，以方便解釋。

因子旋轉方法有正交旋轉和斜交旋轉兩種。本書採用正交旋轉，並使用應用最廣泛的最大方差旋轉法。

4.2 指標選擇及樣本數據來源

本章在實證分析中選用的指標與上一章多指標評價體系中包含的指標基本一致，只是由於部分指標數據獲得有困難或者不完整，因此沒有將其包含在內。具體包含的觀測指標有：年末總人口（萬人）、人口自然增長率（‰）、人口密度（人/平方千米）、從業人員總數（萬人）、人口總負擔系數、教育經費占GDP比重（%）、高校在校學生數（人）、每百人公共圖書館藏書量（千冊）、工業總產值（億元）、固定資產投資額（億元）、人均國內生產總值（元）、人均第二產業增加值（元）、人均第三產業增加值（元）。社會子系統包含的指標有：每萬人醫生人員數（人）、每萬人醫院衛生院床位數（張）、人均可支配收入、人均消費支出、人均擁有道路面積（平方米）、人均公園綠地面積（平方米）、每萬人擁有公交車輛數（輛）、城市燃氣普及率、人均水資源存量（噸）、萬元工業產值耗電量（千瓦時）、萬元工業產值耗水量（噸）、工業廢水排放量（萬噸）、工業廢水處理率、空氣中可吸入顆粒物（毫克立方）、二氧化硫排放量（噸）、空氣達到二級的天數（天）、環境噪聲平均值 dB（A）、工業固體廢物產生量（萬噸）和工業固體廢棄物綜合利用率。

由於本章研究的是中國人口城市化的均衡發展狀態和水平，因此應該對國內 660 餘個城市的相關數據進行分析評價。但是，由於目前所掌握的多數地級城市數據缺失較多，尤其是中小城

市的數據幾乎不完整，因此，在研究中放棄了對國內全部城市進行逐一分析，而改為對中國的直轄市和各個省會城市人口均衡城市化發展相關數據進行分析評價。數據來源於《中國統計年鑒（2010年）》《中國城市統計年鑒（2010年）》以及各個省份2010年的統計年鑒。具體的原始數據見於書后的附表1，數據處理及模型估計採用SPSS13.1軟件。

4.3 實證結果解釋

4.3.1 公因子選擇及其實際意義

本書採用主成分分析法估計上文中的模型（4.2），得出的因子載荷及特性方差估計結果見書后的附表2、附表3。

附表2給出了累計方差貢獻率。當選擇八個公因子時，累計方差貢獻率達到83.34%，滿足因子分析需要，因此本書選擇了八個公因子。各個原始指標在八個公因子上的因子載荷見附表3。

從附表3中可以看到，對於第一個公因子，國內生產總值、工業總產值、人均第三產業增加值、人均可支配收入、人口密度等指標的因子載荷較高，表明第一個公因子主要反應的是經濟總量、經濟水平及人口密度因素，因此可以稱第一個公因子為經濟與人口因子。對於第二個公因子，二氧化硫排放量、工業固體廢棄物產生量、工業廢水排放量三個指標因子載荷較高，表明第二個公因子反應的是環境污染狀況，可以稱之為環境污染因子。對於第三個公因子和第五個公因子，教育經費佔GDP比重、工業廢水處理率、每萬人醫生人員數、每萬人醫院衛生院床位數的因子載荷較高，可以稱第三公因子為公共教育因子、

稱第五公因子為公共衛生因子。對於第四個公因子，萬元工業產值耗電量、萬元工業產值耗水量的因子載荷較高，表明第四公因子反應了資源利用效率，可以稱之為資源效率因子。對於第七個公因子，人均水資源存量和人均公園綠地面積的因子載荷較高，表明該因子反應的是資源存量，可以稱之為資源存量因子。對於第六個公因子，空氣中可吸入顆粒物、空氣達到二級的天數的因子載荷較高，反應的是空氣質量，可以稱之為空氣質量因子。對於第八個公因子，環境噪聲平均值的因子載荷較高，可以稱之為環境噪聲因子。

總體來看，八個公因子大體反應了四方面內容：一類是反應經濟水平、經濟規模與人口方面的經濟與人口因子；一類是反應公共服務方面的，包括公共教育因子、公共衛生因子；一類是反應環境方面的，包括環境污染因子、環境噪聲因子、空氣質量因子；最后一類是反應資源方面的，包括資源利用效率因子、資源存量因子。公因子數目及其對應的實際意義見表4-1。

表4-1　　　　公因子數目及其對應的實際意義

因子名稱	公因子	反應內容
經濟與人口因子	第一公因子	經濟規模、經濟水平與人口密度
公共服務因子	公共教育因子 (第三公因子)	反應公共教育投入
	公共衛生因子 (第五公因子)	反應醫療衛生水平及容納力

表4-1(續)

因子名稱	公因子	反應內容
環境因子	環境污染因子 (第二公因子)	反應二氧化硫排放量等污染排放
	空氣質量因子 (第六公因子)	反應可吸入顆粒物等空氣質量
	環境噪聲因子 (第八公因子)	反應城市噪聲污染
資源因子	資源存量因子 (第七公因子)	反應水等資源存量
	資源效率因子 (第四公因子)	反應生產生活中的資源利用率

4.3.2 樣本城市的人口均衡城市化程度分析

在確定了八個公因子之後，基於因子載荷矩陣和特性方差陣，本書採用Bartlett方法計算各個城市的綜合因子得分以及在各個因子上的得分。相關結果見附錄。

4.3.2.1 人口均衡城市化程度整體情況

樣本城市的綜合得分與中國的實際情況基本吻合。表4-2是各個城市的綜合因子得分及排序。從各城市的總得分來看，上海、廣州和北京分別位於前三名，表明這三個城市的人口均衡城市化水平相對較高，這主要是由於其各自的經濟發展水平相對較高。同時，隨著這三個城市對外交往和合作的不斷深入，其國際化程度也在不斷提高，城市化發展越來越注重人口、經濟、社會和資源、環境之間的協調，城市建設也在不斷向可持續方向發展。

表 4-2　　　　　樣本城市的綜合得分及排名

城市	總得分	排名	城市	總得分	排名
上海	86.25	1	合肥	-8.27	17
廣州	76.90	2	長春	-11.40	18
北京	59.77	3	西安	-12.11	19
杭州	43.06	4	石家莊	-12.26	20
南京	23.54	5	南昌	-14.55	21
長沙	22.11	6	南寧	-20.74	22
昆明	20.50	7	哈爾濱	-20.80	23
成都	19.89	8	太原	-22.03	24
天津	17.77	9	貴陽	-23.23	25
武漢	15.67	10	銀川	-29.51	26
重慶	15.49	11	烏魯木齊	-30.44	27
瀋陽	12.33	12	海口	-32.24	28
呼和浩特	2.14	13	蘭州	-52.52	29
福州	1.57	14	西寧	-59.11	30
濟南	0.99	15	拉薩	-67.16	31
鄭州	-1.57	16			

同時，從各個樣本城市的總得分還可以看到，排名比較靠前的大多是東部沿海地區的城市，表明東部沿海地區城市的人口均衡城市化程度相對較高；而中西部地區的城市大多綜合得分較低，表明中西部地區城市的人口均衡城市化程度相對較低。

4.3.2.2　各個城市的人口均衡城市化發展情況

通過計算，還可以將樣本城市的各個公因子進行分別對比排名，表4-3是按照各個公因子的得分情況分別對樣本城市進

行的排名情況。各個公因子得分的城市排名，也能夠反應各城市的實際情況。

表 4-3　按各個公因子得分分別對樣本城市進行排名

排名	經濟與人口因子	公共衛生因子	公共教育因子	空氣質量因子	資源效率因子	資源存量因子	環境污染因子	環境噪聲因子
1	上海	昆明	貴陽	昆明	石家莊	廣州	重慶	長沙
2	北京	烏魯木齊	杭州	海口	合肥	南京	上海	成都
3	廣州	北京	成都	南寧	長沙	南寧	成都	烏魯木齊
4	天津	太原	海口	福州	濟南	烏魯木齊	昆明	南昌
5	南京	廣州	西安	呼和浩特	鄭州	長沙	石家莊	杭州
6	杭州	鄭州	昆明	廣州	呼和浩特	太原	沈陽	北京
7	武漢	呼和浩特	廣州	貴陽	長春	武漢	北京	沈陽
8	濟南	貴陽	長沙	拉薩	成都	拉薩	西安	合肥
9	沈陽	蘭州	濟南	南昌	福州	重慶	天津	南寧
10	長沙	上海	南昌	長春	銀川	合肥	鄭州	福州
11	呼和浩特	沈陽	武漢	杭州	沈陽	蘭州	哈爾濱	廣州
12	福州	杭州	長春	長沙	武漢	濟南	杭州	西寧
13	鄭州	銀川	呼和浩特	石家莊	杭州	銀川	南寧	拉薩
14	成都	長沙	南京	上海	南京	貴陽	武漢	西安
15	太原	武漢	西寧	銀川	廣州	杭州	廣州	呼和浩特
16	南昌	成都	沈陽	鄭州	昆明	昆明	長春	長春
17	哈爾濱	拉薩	蘭州	成都	天津	成都	南京	蘭州
18	海口	合肥	哈爾濱	哈爾濱	西安	海口	合肥	重慶
19	長春	福州	南寧	沈陽	拉薩	鄭州	太原	武漢
20	銀川	濟南	福州	重慶	南昌	南昌	福州	濟南
21	西安	石家莊	合肥	西安	北京	上海	貴陽	上海
22	石家莊	哈爾濱	鄭州	南京	重慶	沈陽	長沙	哈爾濱
23	拉薩	西安	天津	天津	哈爾濱	西安	蘭州	昆明
24	合肥	海口	石家莊	合肥	烏魯木齊	石家莊	烏魯木齊	海口
25	西寧	長春	銀川	北京	太原	福州	拉薩	貴陽
26	貴陽	南昌	太原	武漢	蘭州	西寧	南昌	銀川
27	南寧	天津	重慶	太原	西寧	呼和浩特	濟南	天津
28	蘭州	重慶	烏魯木齊	濟南	上海	哈爾濱	呼和浩特	南京
29	烏魯木齊	南寧	北京	西寧	南寧	長春	西寧	石家莊
30	重慶	南京	上海	烏魯木齊	貴陽	天津	海口	鄭州
31	昆明	南昌	拉薩	蘭州	海口	北京	銀川	太原

上海、北京和廣州的經濟與人口因子得分高，這與三個城市的實際經濟發展狀況相吻合。昆明、海口和南寧三個城市的空氣質量因子得分高，表明這三個城市的空氣質量較好，這也與實際情況相吻合。

　　通過上面的分析可以看到，人口均衡城市化發展是一個複雜的系統問題，採用因子分析可以避免指標的重複和信息的重疊，將錯綜複雜的眾多變量，綜合為數量較少的幾個因子，再現原始變量與因子之間的相關關係。通過因子分析得到的結論也比較合理，與實際情況基本一致。

　　人口均衡城市化發展是一個涉及人口、經濟、社會、資源、環境等諸多領域的十分複雜的新課題，相關指標繁多，本研究採用部分指標得到了比較可信的結論。本研究只是做了一次理論的探討，還有許多問題仍需要進一步深入研究。

5 人口均衡城市化發展面臨的基本問題

中國的城市化經歷了由起步、徘徊到加速發展的過程。按照城市化發展軌跡的 S 形曲線規律，中國的城市化進程已經進入中期加速發展階段，今後較長的一段時期內仍將保持較快的增長速度。人口均衡城市化發展將面臨來自人口、資源、生態環境、城市佈局與功能結構等方面的挑戰，增大了中國今後城市化發展的複雜性和不確定性。

5.1 人口問題影響人口均衡城市化的發展

中國人口眾多，尤其是還有 6.74 億的農村人口，要將這些農民轉移到城市，實現農業人口的非農轉移，是一項極為艱鉅的任務。同時，中國人口的平均受教育程度較低，人口素質偏低，又面臨著人口老齡化的問題，可想而知，中國的城市化進程將更為複雜和艱難。

5.1.1 人口眾多，素質偏低

5.1.1.1 人口基數大，城市化發展壓力大
人口是人類社會存在和發展的基礎，一定的人口數量，對

於社會進步和經濟發展有著重要的作用。人是生產力中最活躍的因素，一定條件下，人口數量的增加會提供生產力，進而促進經濟、社會的發展。但是，在另外一些條件下，人口數量過多，則會帶來就業、交通、教育、醫療保障等方面的壓力，成為經濟發展、社會進步的障礙。

據全國第六次人口普查的數據顯示，2010年中國總人口為13.7億人，比2000年「五普」時增長了5.84%，十年共增加了7389.98萬人。中國人口由1949年的5.4億人增長到2010年的13億人，增長了1.4倍。雖然進入20世紀90年代后，中國人口總量的增長率呈現下降趨勢，但是由於人口基數大，人口數量的增長仍然保持在較高的水平（見圖5-1，具體數據見附表6）。

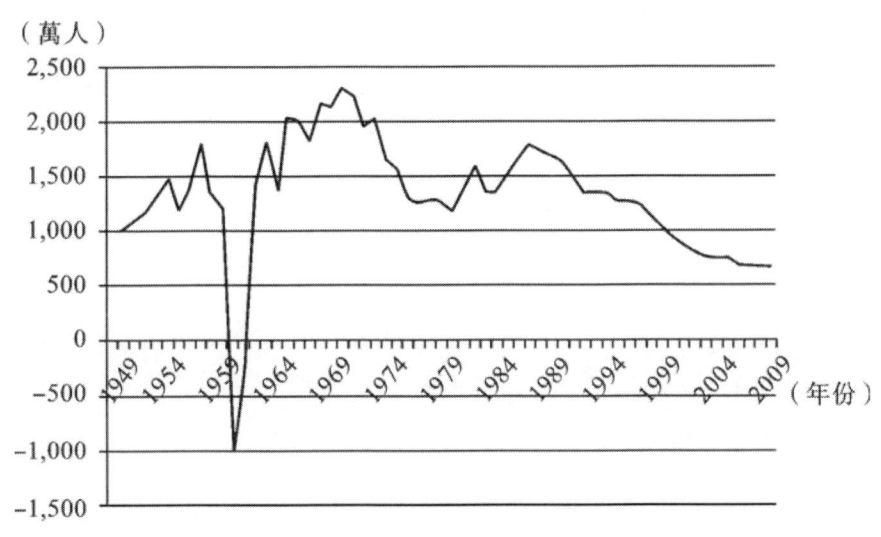

圖5-1 新中國成立以來中國人口數量
逐年增減變動情況

城鎮人口增速快於總人口增速（見圖5-2）。根據「六普」數據，2010年全國共有城鎮人口6.66億人，城市化率49.68%。與2000年第五次全國人口普查相比，城鎮人口增加2.07億人，

城鎮人口比重上升了 13.46 個百分點。

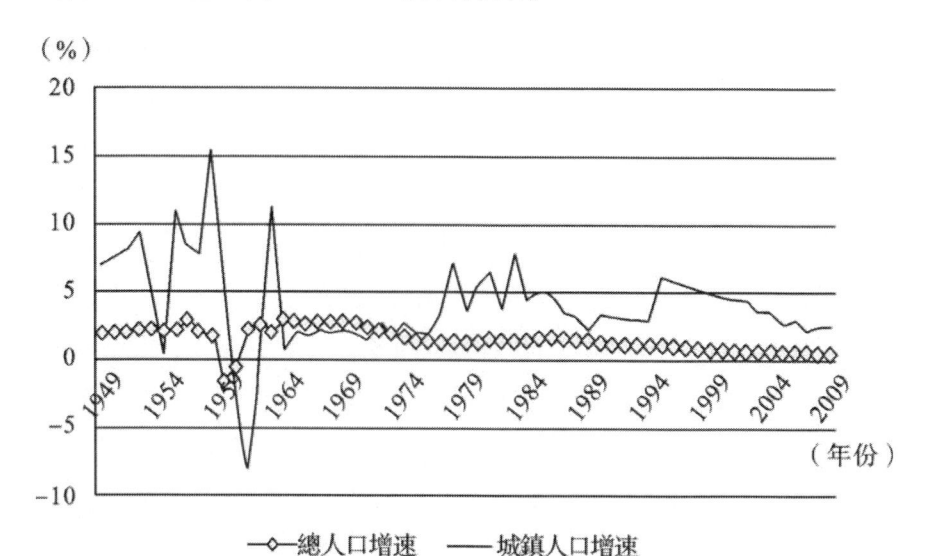

图 5-2 新中國成立以來中國總人口與
城鎮人口的增速對比

人口基數大是中國城市化進程中必須面對的現實問題。從附表 6 的數據可以看到，20 世紀 80 年代中國城鎮每年新增人口為 1,000 多萬人，到了 90 年代每年新增城鎮人口 1,400 多萬人，進入 21 世紀以來，每年新增加的城鎮人口達 1,800 多萬人，有逐年遞增的趨勢。每年城鎮新增如此眾多的人口，對於中國這樣的發展中國家而言，其負擔是相當沉重的。

據預計，2030 年中國城市人口將比目前增加 2.957 億人。[①] 如果按照目前大中小城市平均人口計算，即平均每座城市人口為 100 萬人，屆時 2.957 億新增的城市人口需增建 294 座大城市。按照目前每人進城需要基礎設施投資 1.5 萬元計算，每座城市需要投資 150.58 億元，全部投資需要 44,355 億元。

---

① 付曉東. 中國城市化與可持續發展 [M]. 北京：新華出版社，2007：144.

人口基數過大，導致每年新增人口規模龐大，特別是城市人口的過快增長，將會導致基礎設施落後、交通堵塞、城市公共服務供給不足、資源過度消耗、環境污染等問題，嚴重阻礙城市的健康發展，並造成全社會的沉重負擔。

5.1.1.2 人口素質偏低，城市化的質量不高

人口素質的高低，會直接影響城市化進程的快慢。城市化的過程不僅是城市人口數量的增長，還是人口素質不斷提升、城市文明在全社會推廣的過程。改革開放以來，中國的教育事業雖然有了較大的發展（見表5-1），但是國民的整體文化素質還有待進一步提高。

表5-1　　　　1964—2010年中國人口受教育程度變化情況

年份	人/10萬人				年均增速（%）			
	大專及以上	高中（含中專）	初中	小學	大專及以上	高中（含中專）	初中	小學
1964	416	1,319	4,680	28,330	——	——	——	——
1982	615	6,779	17,892	35,237	2.2	9.52	7.73	1.22
1990	1,422	8,039	23,344	37,057	11.05	2.15	3.38	0.63
2000	3,611	11,146	33,961	35,701	9.77	3.32	3.82	-0.37
2010	8,930	14,032	38,788	26,779	16.17	3.32	2.09	-2.06

數據來源：國家統計局《中國統計年鑒（2003）》，中國統計出版社；國家統計局《2010年第六次全國人口普查主要數據公報（第1號）》。

2008年美國人口平均受教育年限高達13.6年，比中國多5.1年。據預測，到2046年中國受高等教育的勞動力將佔40%，才接近美國目前的水平。從人口文盲率來看，中國15歲及以上人口文盲率由1964年的33.58%下降到1982年的22.81%，1990年降至15.88%，2000年降至6.72。到2010年，全國15歲及以上文盲人口仍有5,465.66萬人，文盲率4.08%。偏低的人口素質，影響了中國城市化的質量，決定了城市化進程的艱鉅性。

5.1.2 人口老齡化

全國第五次人口普查數據顯示，2000年65歲以上老年人口比重接近7%，根據國際標準中國已經進入老齡社會。世界上最早進入老齡化國家的法國，其人口類型從年輕型轉入老年型用了150年的時間；日本用了50年的時間進入老齡化；而中國65歲及以上人口所占比例從1982年的4.91%提升至2000年的6.96%（見表5-2、圖5-3），僅僅用了18年的時間，人口老齡化的速度之快世界罕見。

表5-2 1953—2010年中國老齡人口比重變動情況

年份	1953	1964	1982	1990	2000	2010
65歲及以上（%）	4.41	3.56	4.91	5.57	6.96	8.87

數據來源：國家統計局歷次人口普查數據。

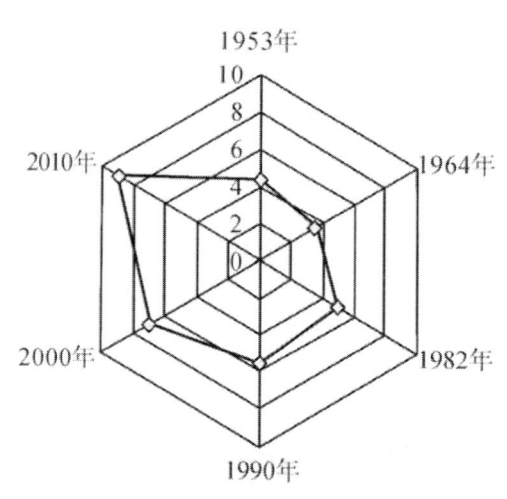

圖5-3 中國老齡人口比重（單位:%）

第六次人口普查數據顯示，2010年中國60歲及以上人口為1.78億人，占13.26%，其中65歲及以上人口為1.19億人，占8.87%。與「五普」時期相比，60歲及以上人口的比重上升

2.93個百分點，65歲及以上人口的比重上升1.91個百分點。

據預測，2050年以前中國的老年人口增長可分為三個階段：第一階段是平穩增長階段，2000—2027年65歲及以上人口將增加到2億人以上，年均增加400萬人，屆時老年人口比例為14%；第二階段是急速增加階段，2028—2036年65歲及以上人口將由2億人增加到3億人以上，年均增加1,000萬人，老年人口比例將升至20%左右；第三階段為基本平穩階段，2037—2050年65歲及以上人口將由3億人增加到3.35億人，年均增加260萬人，老年人口比例達到23%。① 中國的人口老齡化呈現速度快、規模大、社區養老水平低、自我養老和社會養老意識不足的特點，由此也帶來了一系列的社會經濟問題。

與發達國家不同，中國的人口老齡化出現在經濟剛剛起步的階段。中國在2000年步入老齡化社會時人均GDP不過800美元，而日本進入老齡化社會時人均GDP已經達到1,689美元。這迫使中國在經濟尚不夠發達的時期就要解決比發達國家還嚴重的人口老齡化問題。

一方面，人口老齡化加重了社會養老負擔；另一方面，人口老齡化導致勞動適齡人口比重降低，勞動人口出現高齡化趨勢。此外，人口老齡化還會對社會投資、消費結構和經濟運行等產生影響。老齡人口比重的上升，使人們開始對經濟能否良性運行產生擔憂。老年人多注重儲蓄，其消費傾向和投資意向趨於保守，從而有可能削弱社會的經濟活力。

5.1.3 農村剩余勞動力轉移壓力大

5.1.3.1 農村剩余勞動力數量大、素質較低

城市化就意味著農村人口的絕對減少。對於中國這個人口

---

① 蔡昉. 中國人口與勞動問題報告（2004）[M]. 北京：社會科學文獻出版社，2004：23.

眾多尤其是農村人口數量龐大的發展中國家而言，其城市化發展的難度是不言而喻的。目前，中國仍有6.74億農村人口，占全國總人口的50.32%。隨著經濟社會的不斷發展，將會有規模龐大的農村剩餘勞動力向城市轉移。中國的城市化任務相當艱鉅。

目前中國農村剩餘勞動力的規模究竟有多大，學者們的估計各有不同，高位估計為4億~5億人①，中位估計為2億②~2.5億③人，低位估計為1億~1.5億人④。同時，農村剩餘勞動力的規模還在進一步擴大。一方面，由於中國人口基數大，受人口慣性影響，未來時期農村勞動力的供給量還將持續增長；另一方面，隨著經濟社會的進一步發展、農業產業化的推進、農業生產率的進一步提高，將會導致更多的勞動力從農業生產中脫離出來，進入非農產業領域。第二次全國農業普查數據顯示，2006年，農村外出從業勞動力13,181萬人，其中男勞動力8,434萬人，占64%，女勞動力4,747萬人，占36%。應該看到，這1.32億的農村外出勞動力是中國當前農村勞動力的絕對剩餘。

雖然中國農村剩餘勞動力的數量龐大，但是整體素質偏低，這在一定程度上導致這部分人口在向城市轉移的過程中出現一系列的問題和困難。從受教育程度看，中國農村勞動力的整體文化程度偏低，仍以小學和初中文化程度為主。表5-3反應了農村剩餘勞動力的受教育狀況。由於數據取得的局限性，在進

---

① 溫鐵軍. 21世紀的中國仍然是小農經濟？[J]. 新西部，2001（12）.
② 陳劍光. 發展鄉鎮企業，擴大農民就業[N]. 經濟日報，2000-12-01.
③ 張忠法，金文，等. 尋找農村勞動力戰略轉移新途徑[N]. 中國經濟時報，2000-12-08.
④ 農業部課題組. 21世紀初期中國農村就業及剩餘勞動力利用問題研究[J]. 中國農村經濟，2000（5）.

行橫向對比時，人口的受教育狀況以第五次人口普查（2000年）和第六次人口普查（2010年）的數據作為參照，而有關農村剩餘勞動力的受教育狀況，最近的數據來自於2006年的全國第二次農業普查，這也是目前國內較權威的數據。從表5-3中可以看到，目前中國農村剩餘勞動力有88.8%的人接受了小學或初中教育，僅有10%的人擁有高中以上學歷，受教育程度均低於2000年和2010年全國總人口的平均數。

表5-3　　　　農村剩餘勞動力平均受教育狀況　　　單位:%

	總人口		農村勞動力	農業外出人口
	2000年	2010年	2006年	2006年
大專及以上	3.96	9.64	1.2	1.3
高中	12.23	15.15	9.8	8.7
初中	37.26	41.88	49.5	70.1
小學	39.17	28.92	32.7	18.7
文盲人口	7.37	4.41	6.8	1.2

數據來源：①總人口的受教育狀況分別來自全國第五次和第六次人口普查；②農村勞動力和農業外出人口的受教育狀況來自全國第二次農業普查。

當前，中國農村人口整體的受教育狀況依舊不容樂觀。同時，由於受經濟利益的驅使，大量的農村中小學生輟學，加入勞動者隊伍，造成了農村勞動力受教育程度低的惡性循環。而與此相反，現代企業生產的科技含量卻在不斷提高，對勞動力的文化程度要求也越來越高。偏低的文化程度和技術素質，限制了農村勞動力的就業空間，他們只能從事依靠傳統經驗進行生產的產業，這為農村剩餘勞動力的轉移帶來了一系列的問題和壓力。

5.1.3.2　今后中國農村剩余勞動力轉移的趨勢①

第一，農村剩余勞動力向城市的遷移仍將持續較長時間。在經濟發展的過程中，隨著收入的不斷提高，農村人口和農業勞動力的比重會逐漸降低，工業化和城市化水平也會不斷提高。目前中國仍然是發展中國家，隨著經濟社會發展水平的提高，產業結構的調整和城市化進程的加快，未來時期，農村人口向城市流動遷移還將經歷一個長時間的持續過程。

第二，農村剩余勞動力仍將保持較大規模的轉移。人地矛盾是制約中國經濟發展和農村勞動力就業的因素之一，耕地資源在不斷減少的同時人口卻在逐年增加。發達國家的經驗表明，隨著科學技術的進步，農業勞動生產率水平也相應提高，農業從業人口的數量不但會相對減少，而且會實現絕對減少。目前，中國仍是以農業勞動力為主的發展中國家，隨著農村產業結構的調整和城市化進程的加快，先進的生產技術必然會帶來農業勞動生產率的持續提高，使得農村剩余勞動力的規模更趨增大。

第三，農村剩余勞動力轉移的速度將會有所減緩。農業生產率提高、農村勞動力出現大量剩余只是形成城鄉人口流動的前提條件，而預期城鄉收入差距才是人口流動的內在動力。近年來城鄉收入差距的持續擴大為農村剩余勞動力轉移提供了動力，未來城鄉人口流動的規模也將不斷擴大。此外，近年來國家加大了對「三農」的扶持力度，城鄉之間的差距正在縮小。特別是「十二五」規劃要求推進農業現代化，加快社會主義新農村建設，進一步有力地推動了農村的改革與發展，可以預見農村人口向城市流動的速度會有所放緩。

第四，東部地區仍保持較強的吸引力，農村剩余勞動力的

---

①　盧繼宏. 四川省農村流動人口就業的趨勢及公共政策選擇 [J]. 農村經濟, 2011 (08).

素質結構將得到明顯提升。預期收入差距的長期存在使農村剩余勞動力的流動仍然遵循由農村流向城市、由落后地區流向相對發達地區、由中小城市流向大中城市的基本規律。但隨著沿海產業結構的進一步高級化，流向東部地區的流動人口素質會出現較大幅度的提高，文化素質較高、具有專業技能的人口比重相對增大，一般性勞動者將分流或回流到其他地區。

5.1.3.3 積極應對未來時期持續大規模農村剩余勞動力向城市的轉移

第一，要做好轉移農民的職業技能培訓，提高其就業競爭力。農村勞動力的素質偏低是制約中國農村勞動力就業的長期因素，從根本上看，應該建立有效的激勵機制，增加對農村勞動力的人力資源開發投入，提高勞動力素質。政府可通過公共投資項目創造更多的就業機會，通過轉崗培訓、提供小額貸款等方式幫助勞動者創造自我雇傭或受雇傭的就業崗位。此外，還要繼續組織實施農村勞動力轉移培訓的陽光工程，逐步形成「市場引導培訓，培訓促進就業」的新機制。通過強化技術和技能培訓，提高農村勞動力的職業技能和文化素質，增強勞動力在轉移過程中的市場競爭力。

第二，逐步完善農村的社會保障體系。中國農村的社會保障工作剛起步，還存在著一定的問題。農村的勞動力與土地始終保持著密切的聯繫，非農產業勞動力向農村、農業回流的可能性增大，造成就業的不穩定。而且，較低的社會保障水平也制約了農村消費的提高。因此，應加快建立和完善社會保障制度，逐步實現農民工的勞動報酬、子女就學、住房租購、公共衛生等與城鎮居民享受同等待遇，擴大農民工的工傷、醫療和養老保險的覆蓋面，盡快制定和實施農民工養老保險關係的轉移接續辦法。

第三，將農村流動人口的管理納入城市管理的總體佈局中。

儘管農業人口的流動給城市的就業和管理帶來了較大的壓力，但是農村剩餘勞動力的遷移流動是加快現代化進程和解決「三農」問題的必然要求。支持和鼓勵農村剩餘勞動力在城鄉之間雙向流動，也是實現社會和諧的基本途徑。各級政府特別是城市政府應該進一步統一和加深對這一問題的認識，主動應對，將其納入城市的總體視野中謀篇佈局。

第四，在農村流動人口的自我管理模式中突出社區的服務地位。可以借助現代的信息技術和社區的資源優勢，由政府牽頭在社區內設立「流動人口信息化服務中心」，進行軟件平臺的開發研究。這樣，一方面社區可以為專門的流動人口管理機構搜集和提供農村流動人口信息，便於綜合管理，打破人口信息的壟斷性與分割性；另一方面，社區還可以為農村流動人口的自我管理組織提供用工招聘、醫療保健等工作和生活信息，更好地為農村流動人口服務。

5.1.4　城鄉矛盾突出，二元結構明顯

新中國成立后，中國逐步形成了城鄉二元的經濟結構。城市以現代化工業生產為主，農村則以小農經濟為主。隨著經濟社會的不斷發展，城鄉間也逐漸產生了差距，這種差距不僅反應在經濟方面，也反應在諸如公共設施和服務、醫療、教育等方面。

5.1.4.1　戶籍制度帶來城鄉教育和社會保障方面的差別

戶籍制度的建立是為了適應當時的計劃經濟體制的需要，是解決生產生活資料短缺所實施的手段，其並非一項歧視性制度。但是，隨著社會主義市場經濟體制的逐步建立和完善，城鄉二元分割的戶籍管理制度，嚴重地阻礙了人口在地區間的合理流動，阻礙了人力資源的優化配置，不利於當前中國的經濟發展和城市化建設。由戶籍制度帶來的城鄉教育和社會保障的差別也越來越明顯。

雖然中國已實現了九年義務教育的普及，但是城鎮集中了大量的優質教育資源，教育的軟硬件設施均優於農村。在社會保障方面，中國的城鎮職工享受著社會保險、社會救助和失業保險、醫療保險等較全面系統的保障，而農村的社會保障則比較薄弱。

值得注意的是，目前中國正在探討深化戶籍制度改革，擬取消農業和非農業戶口之分，探索建立城鄉一體的戶籍登記管理制度。2007年，山東、河北、遼寧、廣西和重慶等12個省（自治區、直轄市）已經取消了農業戶和非農業戶的戶口性質劃分，統稱為居民戶口，統一了城鄉戶口的登記制度。北京和上海兩市也下發了「農轉非」的實施意見，進一步放寬了入城的條件限制。但是，應該注意戶籍制度改革並不是戶口一遷了之，要切實取得成效還應著眼於做好相關的綜合配套改革工作。

5.1.4.2 城鄉間在投資和制度方面的差別

改革開放後，隨著市場化發展的不斷深入，農村的投資性資金有了外流的渠道，原本在農村的資本累積被吸引到城市，形成了農村資本的淨流出。同時，農業信貸投入的不足加劇了農業資金的短缺，農業和農村的資本投入嚴重短缺，影響了農村的經濟社會發展。

在規模結構方面，公共資源也未能在城鄉間統籌配置，政府將有限的資源絕大部分投給了城市，出現了公共產品城市化供給的傾向，而對農村的公共產品供給如基礎教育、社會保障和公共衛生等則嚴重短缺。公共基礎設施的建設和投入也更多向城市傾斜，農村受益較少。

5.1.4.3 動態的二元結構問題日益凸顯

為打破傳統靜態的城鄉二元結構，各地先後出台了一系列公共政策，也取得了明顯的進展，如推進社會主義新農村建設，加大農村基礎設施的建設力度，建立新型農民養老保險、新型

農村合作醫療和農村居民的最低生活保障等相關社會保障制度，全面推進基本公共服務的均等化，加快中心城市和小城鎮的戶籍制度改革等。但是在打破動態的二元結構方面，則存在著認識上的誤區和思維慣性。公共產品和公共政策供給滯后，由此造成在統籌城鄉發展的過程中，傳統靜態的二元結構正在逐步被打破，而動態的二元結構日益加劇。

在城鄉動態二元結構中，外來人口所面臨的問題主要是戶籍身分、社會保障、上學就醫、公共參與等公民的身分問題和基本的公共服務問題。長期遭受不平等境遇，使城市外來人口的不公正感逐漸累積，造成自卑感和對社會的不滿情緒，影響到社會的穩定發展。近年來，在城市社會中凸顯的諸如農民工問題、「蝸居」問題、「蟻族」問題以及暴力犯罪問題等城市社會問題，均是動態二元結構所累積的深層次矛盾的典型表現。只有打破動態的二元結構，才能有效解決這些社會問題。

5.1.5 城市的貧困人口問題

城市貧困人口問題是世界各國在城市發展過程中普遍存在的一種社會經濟現象。與西方國家相比，中國的城市貧困問題出現得比較晚，但一出現就十分迅速地在中國各個城市擴大和加劇。長期以來，國家和社會的扶貧重點一直在農村，然而，隨著經濟社會的轉型、城市社會結構的變遷，以及城市經濟體制改革的不斷深化，中國城市貧困人口問題日漸嚴重。

目前對城市貧困人口的測算方法有很多，主要包括比例法、絕對值法、恩格爾系數法、基本需求法、數學模型與調查法（線性支出系統模型 ELES 法）、基期固定法、馬丁法和因子分析法等。

（1）比例法，即將城市中一定比例的最低收入居民確定為貧困人口，他們的人均可支配收入上限為貧困線。通常這一比

例為5%或10%。

（2）絕對值法，是將一個國家或地區居民平均可支配收入的50%或60%作為這個國家或地區的貧困線。

（3）恩格爾系數法，這種方法由聯合國糧農組織提出，恩格爾系數59%以上為貧困，按照這一標準，可以滿足最低生活需求的飲食費用除以59%作為貧困線。

（4）基本需求法，即用各生活必需品的最低需求量乘以市場單價作為貧困線。

（5）數學模型與調查法，採用反應消費者行為的線性支出系統數學模型，根據對居民可支配收入、食品、衣著等八大類消費支出的調查數據，計算出居民維持基本消費的所需費用作為貧困線。

（6）基期固定法，用多種方法綜合測算出某一時期的貧困線作為基期貧困線，再以3~5年為一個週期，用價格指數來對貧困線進行計算和修正。

（7）馬丁法，先根據能夠滿足一定能量攝入的食物組合測算出食品貧困線，然后分別加上最高或最低的非食品貧困線作為最高貧困線和最低貧困線。

（8）因子分析法，通過綜合分析收入、消費、生育、健康、文化和宏觀微觀經濟指標來確定貧困線。

1990年由世界銀行根據對發展中國家貧困狀況的研究提出的370美元，即1天約1美元作為對貧困的界定，目前國際標準大約為每天1.25美元。中國在1986年確定人均年純收入206元為農村貧困線，此後根據物價指數逐年對其微調，2008年年底至2009年年初調整為1,196元。相對於農村貧困，城市貧困則缺乏統一標準，實踐中通常把最低生活保障線作為界定貧困的標準，2010年全國城市低保平均標準為251.2元/月·人。但由於中國提供最低生活保障的資金有限，因此貧困家庭享受低保

的條件也比較苛刻，所以多數學者認為中國城市貧困人口遠大於享受低保的人口。從國家統計局、民政部和一些地方政府開展的調研情況看，城市貧困人口通常是享受低保人數的2倍多，比例大約為7.5%~8.7%。根據2010年《中國統計年鑒》中的數據，以8%的比例，採用比例法計算，目前中國城鎮貧困人口大約為5,000萬人。[①]

由於數據取得的局限性，本書仍以城市最低生活保障為標準，從一個側面反應中國城市貧困人口問題。根據民政部公布的數據，2010年年底全國共有1,145.0萬戶、2,310.5萬人城市最低生活保障對象。全國享受最低生活保障的人數由1999年的265.9萬人增長到2010年的2,310.5萬人，增長了7.69倍（如表5-4所示）。從總體上看，中國最低生活保障的規模在逐年增加。

表5-4 1999—2010年中國歷年城市最低生活保障人數

年份	保障人數（萬人）	年增長率（%）
1999	265.9	44.4
2000	402.6	51.4
2001	1,170.7	190.8
2002	2,064.7	76.4
2003	2,246.8	8.8
2004	2,205	-1.9
2005	2,234.2	1.3
2006	2,240.1	0.3
2007	2,272.1	1.4

---

① 蔣貴鳳，宋迎昌. 中國城市貧困狀況分析及反貧困對策 [J]. 現代城市研究, 2011 (10): 9.

表5-4(續)

年份	保障人數（萬人）	年增長率（%）
2008	2,334.8	2.8
2009	2,345.6	0.5
2010	2,310.5	-1.5

數據來源：民政部《2010年社會服務發展統計報告》。

據民政部公布的數據顯示，2010年全國城市低保平均標準251.2元，全國城市低保月人均補助189.0元。在城市低保對象中，在職人員68.2萬人，占總人數的3.0%；靈活就業人員432.4萬人，占總人數的18.7%；登記失業人員492.8萬人，占總人數的21.3%；未登記失業人員419.9萬人，占總人數的18.2%；老年人338.6萬人，占總人數的14.7%；在校生357.3萬人，占總人數的15.5%；其他201.2萬人，占總人數的8.6%（見圖5-4）。

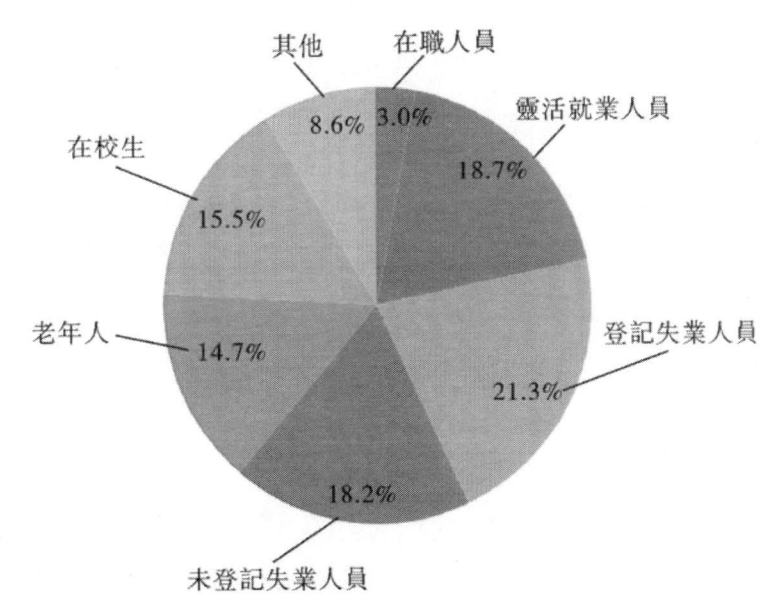

圖5-4 2010年全國享受城市最低生活保障的人員構成

總體來說，中國城市貧困人口的構成如下：第一類是「三無人員」，即無勞動能力、無固定生活來源和無固定職業的城鎮居民，也就是所謂的民政救助對象。第二類是下崗失業人員，這是貧困人口中引人注目的群體，包括原屬國企、集體企業的員工因企業經營陷入困境而失業的人員及其家屬。2010年，登記和未登記的失業人員占低保人口的39.5%。第三類是貧困的在職職工和離退休人員，即在職職工工資待遇低、退休人員領取退休金後其家庭收入仍低於當地貧困線標準的居民。第四類為其他貧困人員，如城鎮務工人員、高校的貧困學生、城市化進程中因土地被徵用失去生活來源的失地農民等，其家庭收入低於當地貧困線標準的居民。可以看到，當前中國城市貧困人口中，有勞動能力的貧困人口占了絕大多數。

根據國家統計局公布的數據，中國貧困家庭的人均收入不及城鎮人均收入的一半，而且這個比例還有下降的趨勢。偏低的收入水平，必然導致貧困家庭的消費水平也相應較低。同時，一些貧困家庭仍然負擔不起子女高昂的教育費用，其子女因此失去了更多受教育的機會。由於父輩貧困導致家庭教育能力和享有教育資源的不足，使得貧困從父輩傳遞到子代，即所謂「貧困的代際轉移」。另外，城市貧困群體面臨的是一個高度市場化的生活環境，相較於農村貧困人口，他們所面臨的貧富差距更大，承受著更多的結構壓力。

此外，越來越值得關注的是農民工成為新的城市貧困群體。隨著城市化進程的加快，大批農村勞動力湧入城市，由農村轉移到城市的農民工規模化地成為新生的城市貧困群體。[1] 農村轉向城市的勞動力由於偏低的個人文化素質，不易就業，大部分

---

[1] 仲小敏. 關於中國城市化進程中民工潮現象的思考 [J]. 經濟地理，1999 (6): 84-87.

淪為城市中的弱勢群體。這樣的城市貧困人口規模幾乎與城市發展規模的大小成正比，城市規模越大其農民工規模也越大。中國城市貧困人口問題已經對城市的外向擴張和內向發展產生了巨大影響，從某種程度上可以說，中國城市化能否健康發展取決於能否處理好城市貧困人口問題。

5.2 資源和生態環境對人口均衡城市化的約束

5.2.1 資源問題限制著人口均衡城市化的發展

5.2.1.1 水資源短缺

目前，中國的水資源短缺已經成為城市發展的主要制約因素。據統計，全國669座城市中有420多座城市缺水，2/3的城市存在供水不足問題。在32個百萬人口以上的特大城市中，有30個城市長期受缺水困擾；在46個重點城市中，45.6%水質較差；14個沿海開放城市中有9個城市嚴重缺水。全國城市年缺水量為60億立方米左右，其中缺水比較嚴重的城市有114個，北京、天津、大連、長春、青島、唐山等城市已經受到水資源短缺的嚴重威脅。

參考聯合國制定的相關標準，中國提出的缺水標準是：人均水資源量低於3,000立方米為輕度缺水，低於2,000立方米為中度缺水，介於500~1,000立方米的為重度缺水，低於500立方米為極度缺水，300立方米為維持適當人口生存的最低標準。在全國114個嚴重缺水的城市中，華北地區缺水城市最多（見圖5-5），同時，華北地區的缺水城市和沿海地區的缺水城市已經連成片。

目前，京、津、滬、深四城均是缺水城市。據水利部公布

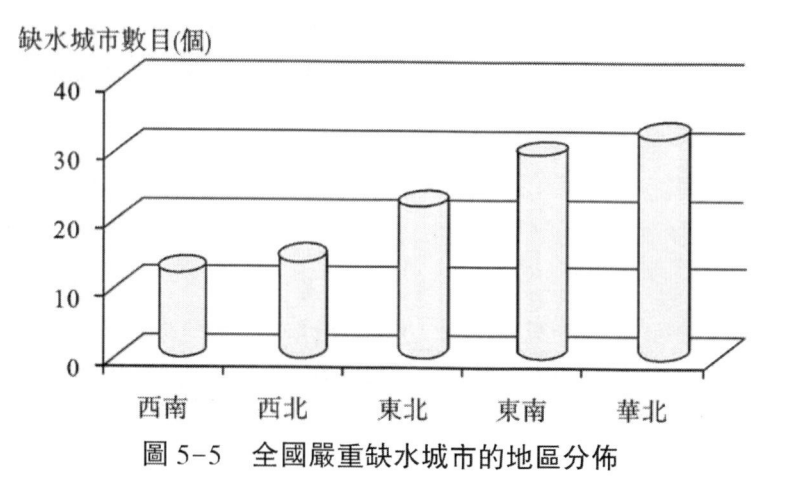

图 5-5　全國嚴重缺水城市的地區分佈

的數據顯示，天津的人均水資源量為 160 立方米；深圳的人均水資源量為 146 立方米；上海的人均水資源量為 145 立方米；北京的人均水資源量已從多年前的不足 300 立方米，降至近幾年的 100 立方米左右，大大低於國際公認的缺水警戒線（人均 1,000 立方米），成為中國最缺水的大城市之一。

一方面，中國城市發展受到水資源短缺的嚴重制約；另一方面，中國的城市又存在著嚴重的水資源浪費現象。據《全國水利發展統計公報》中的數據顯示，2010 年全國總用水量 5,998 億立方米，比上年增加 33 億立方米，其中生活用水占總用水量的 12.9%，工業用水占總用水量的 23.4%。與上年比較，生活用水增加 25 億立方米，工業用水增加 16 億立方米。全國人均用水量為 448 立方米，比上年增加了 2 立方米。

據數據資料顯示，無論是總用水量還是人均用水量，中國的用水量都在逐年增加（見表 5-5）。其中，生活用水從 2000 年的 575 億立方米增長到 2010 年的 773 億立方米，增長了 34.43%；工業用水從 2000 年的 1,139 億立方米增長到 2010 年的 1,407 億立方米，增長了 23.53%。

表 5-5　　　2000—2010 年中國水資源利用情況

年份	總用水量（億立方米）	人均用水量（立方米）	萬元 GDP 用水量（立方米）	萬元工業增加值用水量（立方米）
2010	5,998	448	191	105
2009	5,933	446	217	116.8
2008	5,828	440	225	127
2007	5,789	438	235	126
2006	5,795	442	272	137
2005	5,633	432	304	181
2004	5,548	427	399	196
2003	5,320	412	448	222
2002	5,497	428	537	241
2001	5,567	436	580	268
2000	5,498	430	610	288

數據來源：根據水利部歷年《全國水利發展統計公報》數據整理。

目前中國多數工業企業生產工藝落後，生產經營管理模式單一粗放，水的重複利用率只有 50%～60%，而發達國家這一指標在 70% 以上。儘管隨著經濟社會的發展，中國生產經營管理水平不斷提高，水資源的利用率也逐年提高（見圖 5-6），2010 年中國的萬元國內生產總值用水量為 191 立方米（2005 年可比價），比 2000 年降低了 68.69%，萬元工業增加值用水量為 105 立方米（2005 年可比價），比 2000 年降低了 63.54%，但是仍與發達國家存在較大差距。以萬元工業增加值用水量為例，十年來中國的萬元工業增加值用水量從 288 立方米下降到 105 立方米，而發達國家僅為 20～30 立方米，差距很大。中國目前生產 1 噸鋼材耗水 25～30 立方米，每生產 1 噸紙用水 450～500 立方

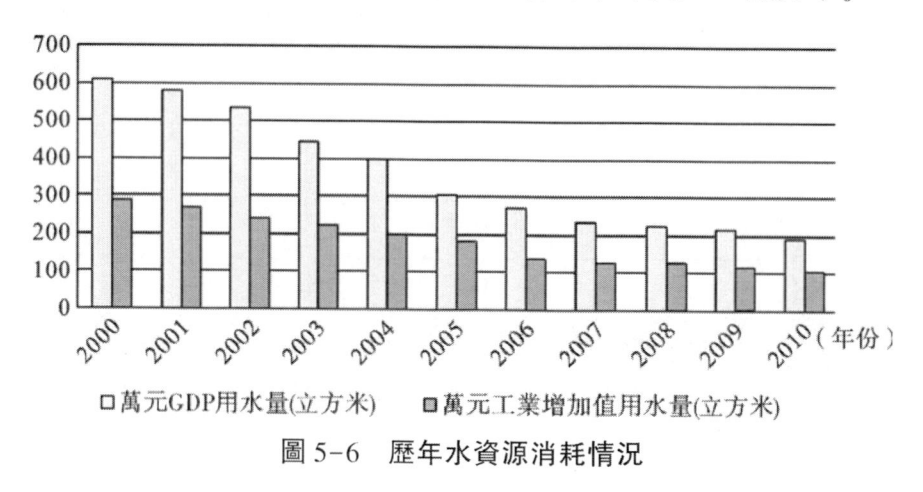

米，而美、日等發達國家分別是6立方米和不足200立方米。

☐ 萬元GDP用水量(立方米) ☐ 萬元工業增加值用水量(立方米)

圖5-6　歷年水資源消耗情況

5.2.1.2　土地資源不足且浪費嚴重

土地資源是人類賴以生存的物質資源，也是經濟和社會發展的物質基礎，更是城市產生和擴張的前提和保證。儘管中國地域遼闊，但不同地域的自然地理條件存在著顯著差異，適合居住和耕種的土地面積有限，且耕地主要集中在東、中部地區。廣闊的西部地區由於生態、氣候條件惡劣，很多地方不適宜居住也不適宜耕作，導致了城市擴張與保護耕地之間的人地矛盾。從國土資源部《中國國土資源公報》中的數據看，2001—2008年，中國的耕地面積以年均1,261.43萬畝（約84.1萬公頃）的速度遞減，年均減少0.66%（見圖5-7）。

據環保部《2006年中國環境狀況公報》中的數據顯示，截至2006年10月31日，全國31個省（自治區、直轄市）的土地調查面積中，農用地98.58億畝（約6.572億公頃）（占69.1%），其中耕地為18.27億畝（約1.218億公頃），人均耕地面積僅1.39畝（約0.093公頃），相當於世界人均耕地面積的40%，而且還在不斷減少。

耕地的減少，與加快基礎設施建設和全面實施小城鎮發展

圖 5-7　全國耕地面積變化情況

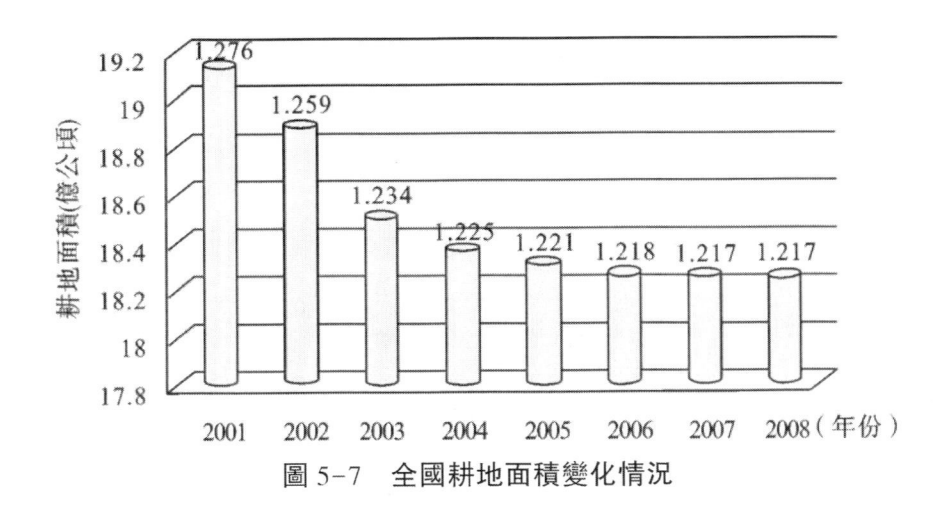

戰略有關。① 儘管中國在嚴格控制建設用地，但是數據顯示2005—2010年全國批准的建設用地仍在遞增，且逐年上升（見圖5-8）。城鎮的持續擴張是引起耕地面積不斷減少的原因之一，同時城市土地還存在著不同程度的浪費。人地矛盾成為制約中國經濟社會發展和城市化水平持續提升的關鍵因素之一。

在城市化實踐中，一些地方片面地將「城鎮化建設」執行為「城鎮建設」，不斷擴大城市用地，建設大廣場、大馬路等形象工程，高起點、高標準建設城市新區，盲目貪大求洋。有的地方以建設高科技園區、大學城、工業新城等名義，大規模「圈地」，形成新形勢下的用地熱潮。部分城市房地產用地供應失控，別墅類高檔房地產用地量過大，土地浪費嚴重。還有的地區以促進小城鎮建設的名義，遍地開花布設小城鎮試點，小城鎮佔地規模偏大、用地偏鬆現象突出，導致土地資源和投資的巨大浪費。

---

① 唐閔光. 中國城市化道路應考慮四大因素 [J]. 經濟論壇，2004（21）.

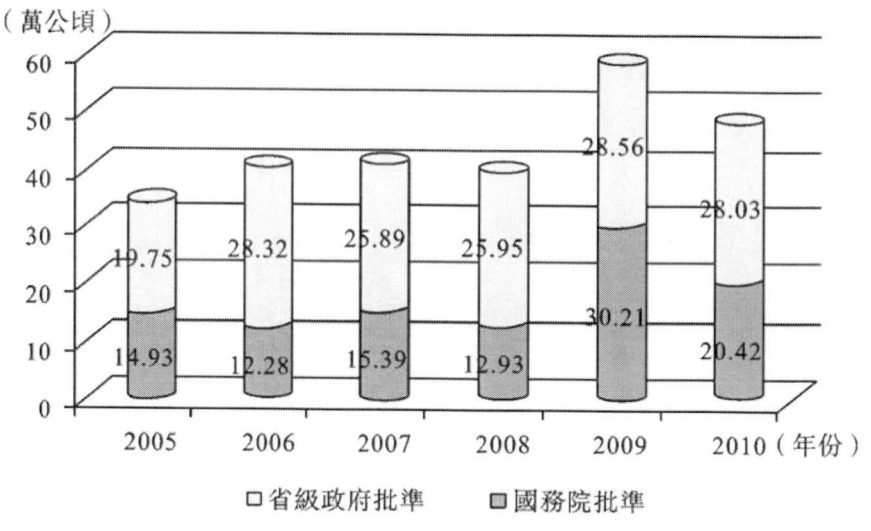

圖 5-8　2005—2010 年全國批准建設用地情況

數據來源：國土資源部歷年《中國國土資源公報》。

今后數年是中國城市化發展的加速期，隨著越來越多的農村人口轉變為城市居民，城市人均用地尤其是居民住宅用地會相應增加。同時，隨著城市經濟社會的發展，城市的基礎設施建設和改善城市環境的建設都需要大量的土地。充足的土地供應，成為今后城市化建設的基本保證。

5.2.1.3　能源、礦產資源消耗大

雖然中國的能源和礦產資源的生產總量較大，但是由於人口眾多，人均佔有的能源、礦產消費量較低，僅有世界平均水平的一半。中國的礦產資源總量居世界第五位，但人均佔有量則為第五十三位。

礦產資源中的煤、石油和天然氣是具有戰略意義的能源，也是衡量一國綜合實力和人民生活水平的重要指標。目前中國人均煤炭資源為世界平均水平的 51.3%，人均石油資源是世界

平均水平的11.3%，人均天然氣資源是世界平均水平的3.78%。[①] 同時，石油和天然氣的探明儲量很少，能源匱乏已經成為制約中國經濟發展的重要因素。

1978—2010年，中國的能源消費從57,144萬噸標準煤增長到324,939萬噸標準煤，增長了3.69倍，中國已成為繼美國之后世界第二大能源消費國（見圖5-9）。此外，許多資源的不合理開採和過度消費，進一步加劇了能源和礦產資源的短缺。

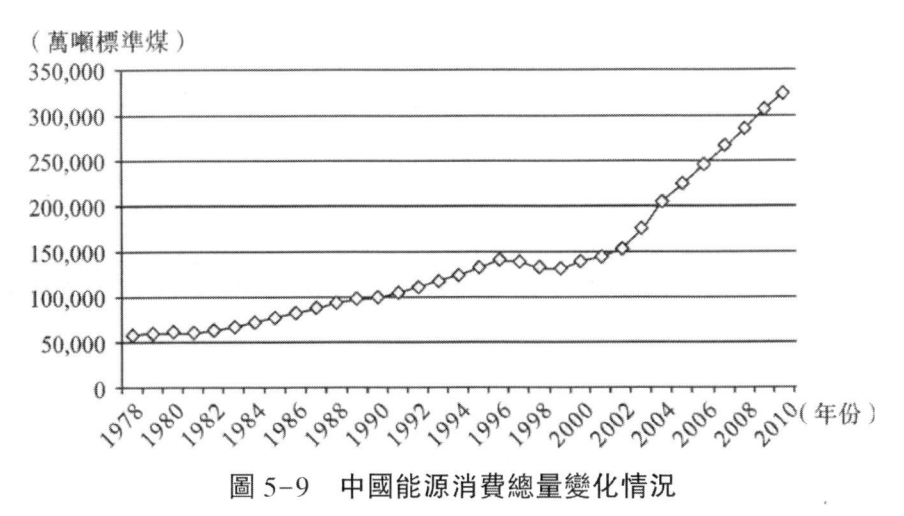

圖5-9 中國能源消費總量變化情況

數據來源：國家統計局歷年《中國統計年鑒》。

近年來，中國部分用電大省出現了區域性、季節性、結構性、時段性缺電的現象，並有逐年加劇的趨勢。2010年全國先后有21個省拉閘限電，電力工業的火電平均利用小時數正在逐年增加，2011年已經達到了5,294小時。火電設備利用小時數的增加，一方面是水電出力下降所致，經測算，2011年水電減發帶動全國火電設備利用小時回升100小時左右；另一方面則是電力需求快速增長而有效供應能力不足所致。電力是國民經

---

① 付曉東．中國城市化與可持續發展［M］．北京：新華出版社，2005：50．

濟發展的重要基礎，電力供應緊張將會對經濟增長造成一定程度的阻礙。

工業化與城市化相伴而生，圖5-10反應了能源消費強度與工業化所處的不同階段之間的關係。按世界各國發展的歷史規律來看，能耗迅速增長階段似乎不可逾越。另據測算[1]，中國2011—2020年的煤炭缺口將達到1,200億噸；石油的進口依存度將超過50%，即使考慮節能降耗、調整經濟結構和發展可替代品等因素，到2020年中國的石油缺口仍將達2.5億噸；2020年新增天然氣探明地質儲量3.4萬億立方米，這就意味著探明天然氣可採儲量需要再翻一番。目前中國正處於工業化和城市化發展的加速期，能源消費總量的急遽增加將給中國的能源供應帶來巨大的壓力。

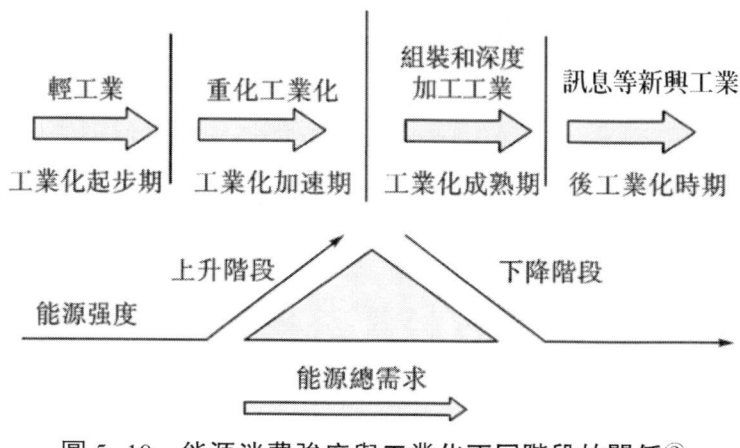

圖5-10 能源消費強度與工業化不同階段的關係[2]

---

[1] 韓杰. 當前中國能源礦產供需形勢與對策建議 [J]. 海洋開發與管理, 2007（03）.

[2] 倪維門, 陳貞, 李政. 中國能源現狀及某些重要戰略對策 [J]. 中國能源, 2008（12）.

5.2.2 城市化速度過快帶來的生態環境問題

5.2.2.1 水資源污染

隨著城市化進程的推進，人口和產業不斷集聚，使城市成為整個社會最大的污染來源地。城市化過程中由工業、交通、生活和其他服務業所產生的污染物大量排放，導致水質惡化。特別是廢水排放總量、工業廢水排放量以及城鎮生活污水排放量顯著增加（見表5-6），給地表和地下水環境造成極大威脅，各類水環境污染事件不斷出現。

表5-6　　　2003—2010年中國污水排放情況　　單位：萬噸

年份	廢水排放總量	工業廢水排放總量	生活污水排放量
2003	4,592,642	2,122,527	2,470,115
2004	4,591,047	1,978,378	2,612,669
2005	4,973,747	2,159,779	2,813,968
2006	5,046,781	2,080,440	2,966,341
2007	5,309,567	2,207,566	3,102,001
2008	5,474,065	2,173,775	3,300,290
2009	5,637,321	2,090,300	3,547,021
2010	5,916,415	2,118,585	3,797,830

數據來源：國家統計局相關年份《中國統計年鑒》。

據環保部《2010年中國環境狀況公報》顯示，全國地表水污染依然較嚴重。七大水系總體為輕度污染，內陸河流監測斷面中，Ⅰ～Ⅲ類水質的比例為59.9%，Ⅳ～Ⅴ類水質的比例為23.7%，劣Ⅴ類水質的比例為16.4%。主要污染指標為高錳酸鹽指數、五日生化需氧量和氨氮。其中，黃河、遼河為中度污

染，海河為重度污染。

同時，由於中國的內陸湖泊附近多有城市分佈，其受到污染的情況更為嚴重。在全國26個重點湖泊（水庫）中，滿足Ⅱ、Ⅲ類水質的6個，占23%；Ⅳ類的4個，占15.4%；Ⅴ類的6個，占23.1%；劣Ⅴ類的10個，占38.5%。主要污染指標是總氮和總磷。

儘管目前中國已經採取了嚴格的排污控制措施，並新建了大量的污水處理廠，使城市的污水排放得到一定程度的控制，但城市化所帶來的水污染問題遠未解決。另外，地表水的污染必然殃及地下水，先是淺層地下水受到污染，進而通過自然和人為的因素污染深層地下水。根據對中國118個大城市的淺層地下水的調查，97.5%的城市淺層地下水受到不同程度污染，其中，40%受到重度污染，北方地下水污染重於南方。水污染的危害十分嚴重，不但直接影響飲用水源水質，危害人類健康，還危害工農業生產及生態環境，造成經濟損失，阻礙經濟發展。

5.2.2.2　大氣污染

隨著工業化和城市化進程的加快，城市中生產生活釋放出大量廢氣、廢熱以及二氧化硫等有害氣體和各種氣溶膠粒子，造成嚴重的大氣污染。近年中國環保部門對城市空氣中的主要污染物監測的結果表明，幾乎所有城市的降塵、顆粒物和二氧化硫濃度均超標，大氣污染較為嚴重。從表5-7可以看出，近年來全國工業廢氣排放量增速較快，菸塵和粉塵排放得到了一定程度的控制，但是二氧化硫的排放量仍然比較大，特別是工業二氧化硫的排放增長較快。中國已成為世界上二氧化硫排放量最多的國家之一。

表 5-7　2003—2010 年中國廢氣中主要污染物排放量

年份	工業廢氣排放量（億標立方米）	二氧化硫排放量（萬噸）			菸塵排放量（萬噸）			工業粉塵排放量（萬噸）
		合計	工業	生活	合計	工業	生活	
2003	198,906	2,158.50	1,791.56	366.94	1,048.52	846.07	202.45	1,021.31
2004	237,696	2,254.90	1,891.40	363.50	1,095.00	886.50	208.50	904.80
2005	268,988	2,549.40	2,168.40	381.00	1,182.50	948.90	233.60	911.20
2006	330,992	2,588.70	2,234.80	353.90	1,088.50	864.20	224.30	808.40
2007	388,169	2,468.10	2,140.00	328.10	986.60	771.10	215.50	698.70
2008	403,866	2,321.30	1,991.40	329.90	901.30	670.70	230.90	584.90
2009	436,064	2,214.40	1,865.90	348.50	847.70	604.40	243.30	523.60
2010	519,168	2,185.10	1,864.40	320.70	829.10	603.20	225.90	448.70
增減率（%）	161.01	1.23	4.07	-12.60	-20.93	-28.70	11.58	-50.07

數據來源：國家統計局相關年份《中國統計年鑒》。

中國空氣中的污染物質主要是二氧化硫、氮氧化物、PM2.5 和一氧化碳等。這些污染物 80% 來自於化石能源的利用，尤其是煤的直接燃燒。另有數據顯示，機動車尾氣排放也已成為中國大中城市空氣污染的主要來源之一。汽車是機動車污染物總量的主要「貢獻者」，其排放的一氧化碳和碳氫化合物超過 70%，氮氧化物和顆粒物超過 90%。

目前中國有 30%～40% 的地區（尤其是西南地區）出現了酸雨現象，導致呼吸系統疾病的發病率不斷上升。全國酸雨分佈區域主要集中在長江沿線及以南至青藏高原以東地區，主要包括浙江、江西、湖南、福建的大部分地區、長江三角洲、安徽南部、湖北西部、重慶南部、四川東南部、貴州東北部、廣西東北部和廣東中部地區。酸雨造成中國部分地區農業減產、森林樹木死亡、建築物腐蝕，每年的經濟損失在 140 億元以上。

5.2.2.3　噪聲污染

城市的環境噪聲主要是由各種工業設備運行產生的噪聲、

建築施工噪聲、交通運輸噪聲、商業經濟活動噪聲以及人群活動的噪聲向周圍生活環境輻射混合產生。

據環保部《2010年中國環境狀況公報》顯示，全國331個被監測的城市中區域聲環境質量中度污染的占0.9%，輕度污染的占25.4%，較好的占67.7%。在被監測的331個城市中，城市道路交通噪聲平均等效聲級範圍為63.6~73.3dB（A），0.3%的城市為重度污染，1.2%的城市為中度污染，1.2%的城市為輕度污染。

隨著國內機動化水平的逐步提高，汽車的普及在極大方便居民出行的同時，也產生了日益嚴重的噪聲污染，尤其是在立交橋、高架路兩側的居住區，交通噪聲污染嚴重。相關數據顯示，受到施工噪聲影響的居民占城市居民的1/9，也就是說每9個城市居民中就有1人生活在噪聲污染的環境中。

5.2.2.4 城市固體廢棄物污染

當前一項世界性的公害，就是占全球垃圾總量90%以上的城市垃圾。城市垃圾主要包括居民生活垃圾和工業垃圾。工業固體廢物，是指在工業、交通等生產經營活動中產生的固體廢棄物，主要包括危險廢物、粉煤灰、冶煉廢渣、爐渣、尾礦、煤矸石、放射性廢物和其他廢物八類。

表5-8反應了近年來中國工業廢物的產生和處理情況。從表中可以看到，近年來工業固體廢物的產生量增長較快，2010年，全國工業固體廢物產生量為24.09億噸，較2003年年均增長19.99%。同時，工業固體廢物的綜合利用量和處置量均有不同程度的增長。可以預見，隨著工業化進程的不斷加快，工業固體廢棄物的產生量將在未來相當長的一段時期內持續增長。

表 5-8 2003—2010 年全國工業固體廢物產生及處理情況

年份	工業固體廢物產生量（萬噸）	工業固體廢物綜合利用量（萬噸）	工業固體廢物貯存量（萬噸）	工業固體廢物處置量（萬噸）	工業固體廢物排放量（噸）
2003	100,428	56,040	27,667	17,751	19,409,096
2004	120,030	67,796	26,012	26,635	17,619,510
2005	134,449	76,993	27,876	31,259	16,546,848
2006	151,541	92,601	22,399	42,883	13,020,919
2007	175,632	110,311	24,119	41,350	11,967,191
2008	190,127	123,482	21,883	48,291	7,817,522
2009	203,943	138,186	20,929	47,488	7,104,521
2010	240,944	161,772	23,918	57,264	4,981,976
年均增減率（%）	19.99	26.95	-1.94	31.8	-10.62

數據來源：國家統計局相關年份《中國統計年鑒》。

全國城市的生活垃圾產生量平均每年增長 10%，而生活垃圾清運量僅占 40%~50%，無害化率不足 5%，大部分城市處在垃圾的包圍之中。同時，部分居住區內的市政環衛設施殘缺，物業管理不當，垃圾無法得到及時清理，不但破壞了居住環境還給居民的健康帶來危害。有些城市的多層和高層住宅為方便住戶倒垃圾，設置了專門的垃圾道，這種垃圾道易堵塞且難以清洗，容易滋生細菌。大量的工業廢渣和生活垃圾堆積在城市的郊區或河流荒灘上，不僅造成了土地資源的浪費，也造成了環境的二次污染。一些城市甚至形成了垃圾圍城的尷尬局面，不利於城市發展。人口眾多、資源短缺和環境污染嚴重制約著中國城市化的健康可持續發展。

6 人口均衡城市化的路徑選擇

中國的城市化正處於重要的發展階段,非均衡的城市化發展模式帶來諸多負面影響,已經無法適應新形勢下社會經濟的發展需要。今后的城市化發展應該實現一系列的轉變,由城鄉二元結構的非均衡城市化發展向城鄉一體化的均衡城市化發展轉變,由非均衡的城市發展模式向以城市群為重點、大中小城市協調發展的城市發展模式轉變,由粗放型的城市化發展道路向集約型的城市化發展道路轉變,實現農民市民化、公共服務均等化和深度城市化,全面提升城市發展質量,走人口均衡城市化的發展道路。

6.1 城鄉一體化:人口均衡城市化的城鄉關係選擇

過去城鄉二元的發展結構,割裂了城鄉之間的互動與聯繫,造成了城鄉發展的不均衡。人口均衡城市化發展關注城鄉之間的良性互動、協調發展,實現城鄉一體化,促進經濟社會全面、健康發展。

6.1.1 非均衡的城鄉二元結構阻礙了城市化發展

城鄉二元結構橫亙在中國的城鄉之間,割裂了城鄉之間經濟

社會發展的聯繫，造成城鄉之間在資源配置和利用中的矛盾，不但影響了農村現代化的進程，同時也阻礙了城市化發展的進程。

6.1.1.1 城鄉人口結構轉換滯后於產業結構調整，阻礙了城市化發展

城鄉二元的戶籍制度對農民進城定居有著諸多限制，把大量的農民選擇性地排除在城市化進程之外，阻礙了人口向城市的流動，減緩了農業人口向非農產業轉移的速度。伴隨著工業化進程的推進，農業生產要素不斷地向非農產業和城市地域轉移，農村人口卻很難相應地向城市轉移，導致就業結構的轉換嚴重滯后於產業結構的轉換。

6.1.1.2 二元結構割裂了工業化與城市化的內在聯繫，城市化滯后於工業化

一般而言，工業化與城市化是相伴而生的。但是，中國城市化發展嚴重滯后於工業化發展，城鄉二元的經濟模式制約和阻礙了工業化發展。由於農業自我發展的能力越來越弱，無法適應工業化的需要，阻礙了工業化的深入推進；此外，農業的低速發展造成其對工業產品的需求有限，也阻礙了工業化的進一步發展。資源無法在城鄉間合理流動和有效配置，造成了城鄉經濟社會發展的不均衡，進而影響和阻礙了城市化發展。

6.1.1.3 二元結構阻礙了合理的城鎮體系的形成

在城鄉二元結構下，管理體制也是城鄉分割的，城鄉間採取的是「分治」的政策，城鄉之間的聯繫和互動較差，導致區域被分割成「城市」和「鄉村」兩個對立範疇。有區別的城鄉管理體制、財政政策和分配政策，導致城市和鄉村之間缺乏協調配合和統籌規劃。大、中城市各自孤立發展，與鄉村聯繫緊密的小城鎮則發展緩慢，造成了不同規模城市之間結構層次遞進的缺位，無法形成功能互補、結構合理的城鎮體系，進而削弱了城市對農村的輻射帶動作用。

6.1.1.4 進城農民難以實現市民化，人口城市化的質量較低

近年來，雖然對農村剩餘勞動力在城鄉流動的限制有所減少，但對進城農民的身分歧視、就業歧視等卻一直難以消除，城鄉勞動力公平競爭的勞動力市場格局尚未完全形成。同時，即使已實現地域和職業轉換的進城農民，也難以獲得身分認同和社會保障，無法實現農民向市民的轉變。正是由於城鄉二元體制，造成了人口城市化質量不高，城市中準城市化人口多的現象。如果忽視城市社會不同群體間的融合，會出現「城市社會二元結構」的隱患，制約城市乃至整個社會經濟健康、可持續發展。農民市民化是提高城市化質量，實現城市化健康發展的重要因素。

6.1.2 城鄉一體化：人口均衡城市化模式的轉變

6.1.2.1 對城鄉二元的城市化模式的反思

首先，城鄉二元分割的制度阻礙了城市化的發展。二元分割的城市化發展模式基本上把農民排除在外，農民的進城就業和落戶面臨種種「壁壘」，大量的人口被限制在農業和農村地域內部，造成農村人口轉移到城市的速度緩慢，城市化的進程滯后。即便是進城農民實現了職業的轉化和地域的轉移，也較難獲得身分轉變並享受到城市的社會保障，無法真正實現從農民到市民的轉變。嚴格說來，城市的外來農村人口在一定的時期內還僅僅是「準城市（化）人口」。這些人口具有城鄉雙重屬性，其中多數還處在城市社會的邊緣，生活和經濟參與方式還是農村的，還沒有實現身分的轉變和市民素質的轉化，其合法的權益也難以得到有力保障。

其次，傳統的城市化發展模式更多地依靠行政手段進行資源配置，導致城鄉發展的非均衡。政府在城鄉二元分割的城市發展思路指導下，自覺或不自覺地傾向於以行政力量為中心來配置資源，行政職能超越市場機制在城市化的資源配置過程中

起基礎性作用，將城市化建設簡單地理解為城市建設，簡單地執行成行政區劃的變更、建設廣場、拓寬馬路、圈地造城、搞開發區等。在城市化過程中加劇了對「三農」的剝奪，造成農業和農村的資源嚴重流失。在城市開發建設過程中，低價侵占農民的大量土地，進而加劇了人地矛盾，造成農業和農村的發展條件進一步惡化，農民抵制「開發」的現象也時有發生。

總體而言，在城鄉二元體制下，中國的城市化發展與經濟發展不適應，城市化總體質量不高。在城鄉有差別的戶籍制度、就業制度、社會保障制度和財稅制度等二元體制的約束下，農村的剩餘勞動力難以順利地轉移到城市，城市拉動農業、農村經濟社會發展的作用被減弱，城鄉之間的良性互動機制無法建立，農村與城市的發展反差日益突出。可以說，城鄉二元分割的城市化發展模式阻礙了城市化的發展。

6.1.2.2 城鄉一體化的確立

目前，中國正處於城市化發展的加速期，人口均衡城市化要求城市的發展要與「三農」的發展緊密結合，要改變「就城市論城市」、就「三農」論「三農」的孤立做法，將加快城市化發展進程和有效解決「三農」問題統籌到城鄉協調發展框架中考慮，確立城鄉一體的城市化發展戰略。通過推進城鄉一體化的城市化進程，打破城鄉二元的經濟社會結構，有效地解決「三農」問題。

所謂城鄉一體化的城市化，是在城市化發展進程中，以城鄉協調發展為目標，以體制和政策的城鄉一體化為基礎，把「三農」的發展與城市發展有機結合，充分發揮城市對農村的帶動作用和農村對城市的促進作用，走城鄉互動、城鄉交融、城鄉一體的城市化發展道路。[①]

---

① 盛廣耀. 城市化模式及其轉變研究 [M]. 北京：中國社會科學出版社，2008：187.

城鄉一體化的城市化發展要求創造平等、統一的新型城鄉關係，營造城鄉之間經濟社會協調發展的良好環境，其目的是在推進人口均衡城市化過程中，農村、農民能夠分享到城市化的利益和經濟社會發展的成果。實現城鄉一體化的城市化的基本原則是統籌城鄉的經濟社會發展，而消除城鄉之間分割的二元體制則是推進城鄉一體化的城市化發展的基本前提。

6.1.3 推進城鄉一體化發展的思路

6.1.3.1 打破行政區域界限，改善城鄉結構

推進人口均衡城市化應完善區域內的城鄉體系，實現大、中、小城市和小城鎮的協調發展，進一步促進城鄉佈局的優化。統籌考慮城鄉的社會經濟發展，既重視小城鎮在農村經濟社會發展中的作用，又要重視大、中城市和城市群對農村經濟社會發展的輻射帶動作用。把大、中、小城市和小城鎮的發展同農村人口轉移相結合，積極、有效地推進城市化，逐步實現城鄉間的融合和交流。

在人口均衡城市化推進的過程中，還要統籌考慮城鄉的基礎設施建設，統籌規劃、統一佈局，推動城鎮的基礎設施和公共服務向農村延伸，建設覆蓋城鄉的交通、供電、供水、環境保護、信息通信等基礎設施和文化、教育、醫療等公共服務網路，確保城鄉間要素流動的暢通，實現城市文明向農村普及。

6.1.3.2 確立市場化的城市發展機制

傳統的計劃經濟體制將城市和農村割裂，嚴重阻礙了城市化的發展。市場經濟體制將城市和農村緊密聯繫起來，促進了城鄉之間的經濟交流，降低了城鄉的經濟發展成本和城市化成本。推進城鄉一體化的人口均衡城市化發展，應打破城鄉間的分割和區域間的封鎖，進一步完善社會主義市場經濟體制，通過市場完成資源在城鄉之間的配置，實現人口、資本、資源、

信息和技術等的自由流動，確立市場化城市發展的機制，通過市場化發展推進城市化發展。

中國以往的城市化發展側重於通過行政手段進行資源配置，造成長期存在的諸如工農產品的剪刀差、市民與外來農民工同工不同酬、土地以非市場的低價佔用等情況的出現，這種不等價、不對等的城鄉交換，短期看對加快城市建設十分有效，卻是以遏制「三農」發展為代價，造成了城市化發展過程中社會成本偏高、土地低效開發、土地浪費等現象。

在加快城市化發展的進程中，要充分發揮市場機制在資源配置中的基礎性作用，進一步加快培育和發展城鄉統一的土地市場、勞動力市場、金融市場、技術市場和產權市場，尤其要建立城鄉統一的市場化的土地配置機制和土地價格形成機制。在人口均衡城市化發展機制下，城鄉間的資源逐步實現優化配置，進而促進城鄉之間協調發展。

6.1.3.3 提供城鄉統一的公共產品和服務

首先，要改革勞動就業和社會保障制度，建立城鄉統一的勞動就業市場和社會保障體系。實現城鄉勞動力「就業平等、保障一體」，破除進城農民與市民在勞動就業和社會保障制度上的界限，為農村剩餘勞動力轉移和農民市民化創造公平的制度環境。要改革原來的主要涉及國有單位職工和城鎮戶籍居民的福利保障制度，擴大社會保障的覆蓋面，逐步建立農民與市民以及各種所有制職工均等的失業、養老和醫療保險等社會保障體系。針對由城鄉就業等社會保障政策差異過大所引起的矛盾，應研究並出抬相關的解決辦法。

其次，要加大對農村的教育投入，提高農村人口的受教育程度。農村教育投入的不足是造成農村發展落后的原因之一。推進城鄉一體化的人口均衡城市化發展，必須加大農村的教育投入，提高農民的素質。在當前城鄉間、不同區域間人口流動

日益頻繁的背景下，農村人口的受教育質量，關係到農村的經濟社會發展，也關係到城市的經濟社會發展。如果農村剩餘勞動力受教育程度較低、素質不高，既會影響其獲取就業機會，也會影響其收入能力的提高，降低了自身及其后代通過受教育程度的提高來改善境況的可能性。受教育程度較低的農村剩餘勞動力，即使轉移到城市也難以適應城市發展的要求，難以實現農民向市民的轉化。要順利實現農村人口向城市轉移，提高城市化的質量，必須提高轉移人口的素質，使其盡快適應城市生活。

推進城鄉一體化的人口均衡城市化，還應改革農村的教育管理體制，進一步加大對農村的教育投入，提高農村的師資水平，改善農村的教育設施，不斷提高農村人口的受教育水平。同時，還要解決進城農民工子女的受教育問題，取消各種針對農民工子女就讀的歧視性政策，使其與城市居民子女享受同等的義務教育待遇。

另外，城市要為市民提供大致均等的公共服務。城市基本公共服務主要包括：一是基本民生性服務，如就業保障、社會福利等社會保障服務；二是公益基礎性服務，如公共設施、公共交通、環保等基本環境服務；三是公共事業性服務，如公共教育、公共衛生、公共文化等發展服務；四是公共安全性服務，如社會治安、生產安全、消費安全等民生安全服務。只有不斷完善城鎮功能，按照均等化原則提供城市的基本公共服務，才能夠進一步增強城市的吸引力，讓轉移到城市的人「進得來」更「留得下」。

6.1.3.4 完善土地徵管制度，建立農村公共財政體制

要完善土地徵管制度，減少城鎮建設過程中的利益摩擦。在農村進行土地制度創新，將土地的所有權收歸國有，土地的使用權還給農民，並制定相應的法律，允許農民將土地使用權繼承、轉讓、租賃和投資入股等。對於非農建設所占用的農村

土地，無論其是公益性用地還是經營性用地，都要按照市場價購買，確保農民「失地不失業、失地不失利」。

同時，要改革現行的財稅制度，建立農村公共財政體制。進一步完善和加強農村稅費改革，建立農村的公共財政體制，解決公共財政對農村、農業和農民的支持問題。將農村的公共產品供給納入各級財政的負擔範圍，統籌解決農村的交通、供電、供水和公共衛生設施等公共產品的供給問題。

6.1.3.5 建立城鄉統一的戶籍制度

現行的二元戶籍管理制度，既無法體現社會公平，也阻礙了城市化和城鄉一體化發展。加快戶籍管理制度改革的步伐，建立有利於人口合理有序流動的管理體制。在城鄉戶籍管理中，要進一步消除各種影響人口集聚的制度障礙，為加快城鎮化進程提供制度保障。重點是放寬城鎮常住人口入戶條件，鼓勵城市間、城鄉間人口的合理流動，加速人口向城鎮的聚集。凡在中心城鎮、縣城、建制鎮有合法住所、穩定職業、有正當生活來源的人員，以及城鎮居民的直系親屬，如父母、配偶、子女，均可根據本人意願辦理城市常住戶口。

戶籍制度改革的最終目標是完全消除二元戶籍制度，實現城鄉一體化的戶籍管理。為此，戶籍制度改革從長期看應做好以下工作：

一是應適時取消農業和非農業戶口的身分劃分，統一登記為「居民戶口」。以出生地來登記戶口，建立以常住戶口、暫住戶口為基礎的戶口登記制度和以身分證、出生證為主的管理辦法，逐步打破城鄉分割的二元管理結構，形成具有中國特色的戶籍登記、遷徙、管理制度。同時，消除因戶籍制度所產生的人身依附，剝離附在戶口上的城鄉二元差別。

二是實現戶籍管理信息化。實現全國人口信息聯網和戶籍管理信息化，並逐步將公安機關的人口信息網路與人事、勞動、

計劃生育、統計、工商、銀行等重要部門聯網，組成完備的互聯網路，及時掌握人口、職業、行業等變動情況，從而隨時隨地瞭解各類人口的動態信息，為人口管理、經濟建設和社會發展提供更好更及時的服務。

6.2 資源環境約束下的人口均衡城市化發展道路

城市化是各類要素在城市地域內不斷聚集的過程，表現為自然環境向人工環境的逐步轉變和資源環境利用效率的不斷提高。從中國以往城市化發展的方式來看，更多採用的是數量和模式外延式擴張的粗放型的城市發展模式。粗放型城市發展造成資源利用效率低，加劇了資源短缺和環境惡化，阻礙了城市功能的正常發揮和綜合質量的提升，降低了城市承載能力。因此，人口均衡城市化應該走集約型的城市化發展道路，協調城市建設、經濟社會發展與資源環境的關係，改變粗放型的經濟發展方式和城市發展模式，走高經濟效益、低資源消耗和低環境污染的集約型城市化道路。

6.2.1 城市化發展對資源環境的影響

城市化發展離不開資源環境的支持和保障，同時城市化發展又必然會對資源和環境產生一系列影響。

6.2.1.1 城市化對資源和環境產生的正效應

城市化對資源和環境產生的正效應，主要體現在資源的集約利用和污染的集中治理等方面。

城市化本身就是集約的發展方式，城市之所以形成發展，在於其具有規模效應和集聚效應。規模經濟優化了資源的配置，

也降低了發展的成本。城市化進程的推進，有效地提高了資源的集約利用效率和對污染的治理效果。城市化作為一種集約的發展方式，其與分散的發展方式相比較，意味著同樣的情況下，消耗的資源更少。城市化通過聚集效應和規模效應的不斷實現，更加高效、合理地配置資源，提高了資源的利用效率，有助於緩解資源的稀缺狀況；同時還可以採取先進的技術手段和管理理念，實現資源的循環再利用和污染的集中治理，降低治理污染的成本，提高人為淨化能力，進而緩解經濟社會發展對生態環境造成的壓力。

城市化對資源和環境產生的正面效應，為經濟與資源環境的協調發展提供了可能。在城市化過程中，可以通過環保投入、清潔技術的推廣和政策干預來控制資源的消耗和污染排放，提高資源、環境的生態服務功能。當城市化發展到一定階段，城市也具備較強的綜合環保能力，並形成一定規模的環境保護投資，就能實現社會效益、經濟效益與資源和環境效益的統一。

城市化發展過程中的資源短缺和環境污染問題，其關鍵不在城市化本身，而在於城市化發展方式是否與資源和環境相協調。在這樣的分析框架下，所要考慮的是在城市化發展過程中如何有效地利用資源環境，使其最大化服務於經濟社會發展。也就是說，如何在保證經濟增長和城市化發展的同時，盡量減少資源環境損失，並實現帕雷托改進。因此，需要通過經濟和技術手段、政策干預來提高資源開發利用價值和污染防治水平，在實現最大化城市化經濟效益的同時，資源和環境效益也實現最大化。

6.2.1.2 城市化對資源和環境產生的負效應

隨著人口的增長、城市空間的擴張和人民生活水平的不斷提高，城市化發展導致城市對資源需求逐步增長，城市發展需要更多的水、土地、能源和礦產等自然資源，進而導致對資源

的占用和損耗。同時，在發展過程中城市向環境中排放的廢棄物也相應增多，導致生態環境質量下降。

城市化對資源的占用和損耗具有不可再生的特性，對環境要素的損害也具有累積性。一般而言，城市化的水平越高，其對資源和環境的索取越多，對資源和環境所造成的壓力也就越大。在資源和環境容量約束的條件下，資源環境的消耗和生態環境的惡化，削弱了資源環境要素在城市化發展過程中的支撐能力，居住環境的舒適度降低，投資環境的競爭力減弱，進而會反過來抑制城市化發展。

6.2.2 對傳統的粗放式城市化道路的反思

從以往的城市化建設方式看，在傳統的經濟發展模式下，中國的城市化主要依靠「高資源能源消耗、高污染排放」的粗放型經濟增長方式推動，城市發展過程中高消耗、高污染、高投入和低效益問題突出。城市化過多地依賴數量增長和規模的外延式擴張，城市化發展重數量輕質量、重規模輕內涵，城市發展屬於粗放型的擴張。城鎮土地的低效利用，用水的低效率，建築特別是大型的公共建築能耗居高不下，環境污染嚴重、生態惡化，導致城市化發展與資源環境的矛盾突出，這些問題已嚴重制約了中國城市化的健康發展。

在經濟發展和城市化建設的初期，為滿足人民的物質和生活需要，必須擴大生產和建設的規模，而此時由於資金和技術匱乏，不得不靠勞動力和資源的高投入、環境防治的低投入。因此，這一時期的城市建設和發展多是粗放型的，經濟效益和環境效益均較差。然而，中國的工業化和城市化發展自20世紀90年代后已經進入中期發展階段，但資源利用方式和城市發展模式並未隨之發生相應轉變。

粗放型的城市發展模式，過分關注城市化的速度與規模，

忽視了城市化的質量與效益，造成城市利用資源效率較低，浪費嚴重，在加劇中國資源匱乏和環境惡化的同時，降低了城市的綜合承載能力，阻礙了城市化發展質量的提高和城市功能的正常發揮。目前，中國城市發展過程中資源短缺和環境污染問題已經十分嚴重，如果繼續採用粗放型的發展模式，現有的資源和環境狀況將無法支持工業化和城市化的健康、持續發展。

6.2.3 人口均衡城市化下集約型發展道路選擇

在人口均衡城市化發展的進程中，資源利用方式應實現由粗放型向集約型的轉變。作為經濟社會的發展中心，城市在資源的利用和污染的排放上相對集中，因此，在人口均衡城市化發展過程中，必須妥善處理經濟社會發展、城市建設與資源、環境之間的關係，改變傳統的粗放型經濟發展方式和城鎮發展模式，走「資源低消耗、環境低污染、經濟高效益」的集約型的城市化發展道路。

推進集約型城市化發展，要充分發揮城市資源高效利用和人口承載能力大的內在優勢，將城市發展與資源的合理利用和環境保護有機地協調，綜合運用經濟、行政和法律等手段，節約和集約地利用資源，提高資源的利用效率，加大環境治理力度，緩解城市發展過程中資源和環境的約束，提高城市的綜合承載力。

6.2.4 人口均衡城市化下集約型城市化發展思路

（1）節約和保護水資源。要改革完善水資源管理體制，加強水資源綜合管理；推廣節水措施和設施，促進全社會節約用水、合理用水；加強水污染防治，保護水環境；開發利用非傳統的水源，提高水資源的綜合利用程度。

（2）集約利用土地資源。集約型城市化發展強調規劃的調

控作用，要合理地控制用地規模，鼓勵採取緊湊的土地利用模式；積極推進城鎮的土地清查整理，盤活建設用地，提高土地的集約利用程度；發揮市場機制在資源配置中的作用，運用經濟槓桿，減少土地利用的低效率；探索土地集約利用新途徑，開發利用地下的空間資源。

（3）提高能源的利用效率。調整和優化經濟結構，轉變經濟增長方式，促進生產的節能；調整和優化能源結構，促進新能源和清潔能源的開發利用；推廣節能措施，促進交通、生活和建築的節能；綜合運用多種管理手段和技術，促進新能源的開發利用。

（4）保護城市的生態環境。集約型城市化發展要求加強環境管理，建立有利於環境保護的約束機制；大力發展綠色經濟和循環經濟，全面推進經濟增長方式的轉變；加快城市的環保設施建設，加強城市污染的綜合防治；加強城市的生態環境建設和保護，增強自然系統對城市發展的生態服務功能。

6.3 城市化綜合質量的全面提升

今后的城市化發展重點，不應僅局限在城市化的數量、分佈和功能上，還應注重城市質量的提升，實現農民市民化的轉變。按照均等化原則提供城市基本公共服務，通過深度城市化全面提升城市質量，增強城市的吸引力，不但讓轉移到城市中的人「進得來」，還要「留得下」，更要「住得好」。

6.3.1 農民市民化

在人口均衡城市化發展進程中，要實現進城農民向市民的轉化。不但要實現身分的轉變，還要實現生活方式和參與經濟

方式的市民化。

（1）改革戶籍制度和人口管理制度，實現人口自由居住和遷移。取消農村戶口和城鎮戶口的人口管制制度，居民可以在城鄉間和地區間自由遷移；在人口管理方面，實行人口和戶籍按照中華人民共和國居民身分證加固定居住（在某地區居住達到法定時間）來確定的制度；對於居民在城鄉和地區間的遷移，實行自由登記和備案管理制；進行居民身分證、護照、駕照、社會保障、教育學歷、就業、納稅、信用和住所等信息整合，建立居民個人信息管理系統。

（2）改革土地、住房和地方財稅制度，讓轉入城市的農村人口有住房。農村人口向城市遷移，有進入的文化和制度等障礙，特別是進入城市的居住成本障礙，也有其從農村遷出的成本，即存在著退出的障礙。同時，農村人口遷移到城市，卻常常因無法固定永久居住而留不下來。因此，今後人口均衡城市化發展應保證進城人口「進得來」，更要「留得下」。

首先，在城鎮中鼓勵創業，積極發展中小企業和服務業，不斷增加進入城市人口中的中等收入人口的比重，使得大部分進入城鎮的人口有能力長期租用或購買基本的、較體面的住宅。

其次，對進入城市的農村人口，其在農村的資產，包括承包的耕地、草場、林地和宅基地等，均應有保護其利益的退出機制。這樣，進入城市的農民可以獲得一定的資產變現收入，可以支付其在城鎮購房時的一部分甚至是全部費用。同時，也使得農村的土地能夠順利退出，減少居民城鄉兩棲居住的狀況和由於村莊不能被整理所造成的土地浪費。

6.3.2 公共服務均等化

要提升城市化綜合質量，還要實現公共服務的均等化。不但要讓進城農民「進得來」「留得下」「住得好」，還要使不同地域、不同所有制的城鄉居民享受均等化的公共服務。

（1）就業和工作的機會平等。比如在一些就業崗位的考試和錄用過程中，應該取消城鄉限制、畢業學校的地域限制和生源限制，取消在報名、考試和錄取過程中設置的障礙。

（2）享受基本社會保障的平等。對於轉移到城市的新移民，只要工作和居住達到法定時間，就應享受到平等的社會保障。養老等保障在實現異地轉移接續的基礎上，也應逐步實現中央統籌管理。同時，還應預測農村人口向城市轉移的速度、規模和結構，加大財政對社會保障資金缺口的彌補。此外，所有達到法定工作和居住時間的居民，均應納入最低生活保障的範圍。

（3）接受教育的機會平等。義務教育不僅要服務居民，還要對長期居住的新移民以及新進勞動人口的子女平等開放。只要達到年齡，都應該平等接受教育。

（4）基本的醫療衛生服務平等。中國現行的醫療衛生制度也是城鄉二元的結構，農村中實行的是新型農村合作醫療制度，城市中則分為城鎮職工醫療保險和城鎮其他如學生、無業等人員的醫療保障制度，而對於進入城市的農民工，其醫療保障的參保率則很低。因此，政府要加大對各級醫療衛生機構的投入，並恢復和建立一些醫療衛生服務的公益性質；同時財政要預測並撥款彌補因農村人口向城市轉移造成的醫療保障資金缺口。

（5）其他公共服務的平等，包括交通出行、生活物價、環境衛生、水電氣服務等方面的服務和補貼等。達到法定的工作和居住時間的城市新移民，均有平等享受這些服務的權利。農村人口的城市化過程，實際上是城市公共資源的再分配過程。要將過去只有城市居民能夠享受的公共資源，進一步向轉移到城市的農民人口覆蓋。在農村人口遷入的地區和城鎮，只要是在該城市合法工作和居住，無論是原來的居民還是新移民，政府都應提供平等的公共產品和服務。

6.3.3 深度城市化

隨著人口結構的變動，勞動年齡人口的增長率呈現日益降低的趨勢，到 2015 年達到人口零增長后可能開始出現負增長，這就意味著農村不再有淨增勞動力可供大規模轉移。深度城鎮化的含義就是把簡單的城市常住人口的增加，改變為盡享城市公共服務的市民的增加，也就是把已經進城的農民工身分轉換為市民。這不僅意味著身分的轉變，更意味著生活方式、消費和儲蓄模式的轉變。若作為常住人口的農民工及其隨遷家庭發揮了一半的城鎮化功能，那麼深度城鎮化可以在城鎮化數字不變的情況下，發揮另一半城鎮化功能。這樣，即使今后城鎮化速度低於過去，只要符合這個深度定義，同樣可以實現真正意義上的高速城鎮化戰略，達到高度城鎮化的目標。①

---

① 盧繼宏. 四川省新型城鎮化建設的路徑選擇 [J]. 成都行政學院學報，2011（04）.

參考文獻

[1] K. J. 巴頓. 城市經濟學——理論與政策 [M]. 北京：商務印書館，1984.

[2] 藤田昌久，保羅·克魯格曼，等. 空間經濟學——城市、區域與國際貿易 [M]. 梁琦，主譯. 北京：中國人民大學出版社，2005.

[3] 特里·索爾德，阿曼多·卡伯內爾. 理性增長——形式與后果 [M]. 丁成日，馮娟，譯. 北京：商務印書館，2007.

[4] 周一星. 城市地理學 [M]. 北京：商務印書館，2003.

[5] 郭鴻懋. 城市空間經濟學 [M]. 北京：經濟科學出版社，2002.

[6] 顧朝林，張勤，蔡建明，等. 經濟全球化與中國城市發展——跨世紀中國城市發展戰略研究 [M]. 北京：商務印書館，1999.

[7] 周鐵訓. 均衡城市化理論與中外城市化比較研究 [M]. 天津：南開大學出版社，2007.

[8] 牛文元. 中國城市化與區域可持續發展研究 [M]. 北京：新華出版社，2005.

[9] 盛廣耀. 城市化模式及其轉變研究 [M]. 北京：中國社會科學出版社，2008.

[10] 王雅莉. 城市化經濟運行分析——一個城市化經濟的

均衡模型及其應用［M］.上海：上海三聯書店，2004.

［11］葉裕民.中國城市化之路——經濟支持與制度創新［M］.北京：商務印書館，2005.

［12］田雪原.全面建設小康社會人口與可持續發展報告［M］.北京：中國財政經濟出版社，2006.

［13］何念如，吳煜.中國當代城市化理論研究［M］.上海：上海人民出版社，2007.

［14］樊綱，武良成.城市化——一系列公共政策的集合［M］.北京：中國經濟出版社，2009.

［15］王桂新，楊汝萬.巨變中的城市：危機與發展［M］.上海：上海人民出版社，2010.

［16］姚士謀.中國的城市群［M］.合肥：中國科學技術大學出版社，1995.

［17］陸大道.區域發展及其空間結構［M］.北京：科學出版社，1995.

［18］陳宏.中國經濟增長的可持續性［M］.北京：中國財政經濟出版社，2008.

［19］伊繼佐.世界城市與創新城市［M］.上海：上海社會科學院出版社，2003.

［20］邁克·戴維斯.氣候變化危機呼喚新型城市化［J］.劉麗麗，譯.國外理論動態，2010（11）.

［21］吳建楠，姚士謀，朱天明，等.中國城市化發展速度界定的初步探索［J］.長江流域資源與環境，2010（5）.

［22］樊綱.論均衡、非均衡及其可持續性問題［J］.經濟研究，1991（07）.

［23］周一星.城市化與國民生產總值關係的規律性探討［J］.人口與經濟，1982（01）.

［24］牛文元.從點狀拉動到組團式發展：未來20年中國

經濟增長的戰略思考［J］．中國科學院院刊，2003（4）．

［25］顧朝林．2020年國家城市體系展望［J］．未來與發展，2009（6）．

［26］蔡昉．被世界關注的中國農民工——論中國特色的深度城市化［J］．國際經濟評論，2010（2）．

［27］牛文元．組團式城市群是獲取「發展紅利」的最有效途徑［J］．中國城市報導，2004（4）．

［28］牛文元．城市群的發展要求行政區與經濟區版圖「吻合」［J］．中國城市報導，2003（3）．

［29］顧朝林．中國城市發展的新趨勢［J］．城市規劃，2006（3）．

［30］饒會林，陳福軍，董藩．雙S曲線模型：對倒U形理論的發展與完善［J］．北京師範大學學報，2005（3）．

［31］葉裕民，黃壬俠．中國流動人口特徵與城市化政策研究［J］．中國人民大學學報，2004（2）．

［32］楊新海，王勇．「城鎮化」的背景與發展趨勢［J］．城市科學，2005（4）．

［33］嚴偉．城市化進程中的土地資源與城市人口密度問題［J］．科學社會主義，2009（2）．

［34］沈金箴，周一星．世界城市的涵義及其對中國城市發展的啟示［J］．城市科學，2003（3）．

［35］李振福．城市化水平綜合測度模型研究［J］．北方交通大學學報，2003（5）．

［36］周一星，田帥．以「五普」數據為基礎對中國分省城市化水平數據修補［J］．統計研究，2006（1）．

［37］關大宇．各地區農民收入差異與城鎮化發展水平的相互關係——基於協整的Panel Data模型分析［J］．統計與決策，2007（1）．

[38] 牛文元，李倩倩. 可持續發展：中國新型城市化戰略的認識 [J]. 科學對社會的影響，2010（1）.

[39] 劉青海. 城市人口密度、國內市場規模與就業增長 [J]. 新疆財經，2009（6）.

[40] 張鴻雁. 中國城市化理論的反思與重構 [J]. 城市問題，2010（12）.

[41] 張浩，徐大華. 農村人口城鎮化速度影響中國總人口的定量分析 [J]. 安徽農業科學，2007.

[42] 李連仲. 當前中國城鎮化發展存在的主要問題和對策建議 [J]. 理論動態，2004（10）.

[43] 龔新蜀，王雪鋒. 城鎮化水平與城鄉居民收入差距的相關性問題研究 [J]. 當代經濟，2007（11）.

[44] 韓兆洲，孔麗娜. 城鎮化內涵及影響因素分析 [J]. 南方農村，2005（1）.

[45] 王建軍，吳志強. 城鎮化發展階段劃分 [J]. 地理學報，2009（2）.

[46] 章文彪. 促進人口均衡發展，加快生態文明建設 [J]. 人口與計劃生育，2011（1）.

[47] 楊長福，葉素紅. 走均衡城市化道路建設生態城市的研究 [J]. 環境與可持續發展，2008（4）.

[48] 劉耀彬，劉瑩，胡觀敏. 資源環境約束下的城市化水平的一般均衡分析模型與實證檢驗 [J]. 財貿研究，2011（5）.

[49] 曾劍雲，劉海雲，張鴻武. 中國地區收入差距中的城市化因素分析——基於非均衡綜列數據分析 [J]. 工業技術經濟，2007（12）.

[50] 馬華泉. 中國城市化網路體系的均衡分析 [J]. 中國人口·資源與環境，2010（3）.

[51] 周勇. 中國城市化進程中的非農人口轉化與產業轉化

的均衡調整[J].學術研究,2008(9).

[52] 馮雲廷.中國城市化的偏態發展與城市化模式的變革[J].濟南大學學報,2006(2).

[53] 蘇君.在加快城鎮化建設中必須注重促進人口的長期均衡發展[J].人口與計劃生育,2011(5).

[54] 孫楚仁.一個改進的考察交易效率與城市化之間關係的一般均衡模型[J].數量經濟技術經濟研究,2006(11).

[55] 徐紅梅.中國不均衡城市化進程引發的重大社會經濟矛盾分析[J].經濟論壇,2009(9).

[56] 範紅忠,周陽.日韓巴西等國城市化進程中的過度集中問題——兼論中國城市的均衡發展[J].城市問題,2010(8).

[57] 侯亞非.人口城市化與構建人口均衡型社會[J].人口研究,2010(6).

[58] 付曉東,徐涵露.中國當代城市經濟理論研究的沿革與發展[J].城市發展研究,2010(1).

[59] 溫鐵軍,溫厲.中國的「城鎮化」與發展中國家城市化的教訓[J].中國軟科學,2007(7).

[60] 周鐵訓.21世紀中國均衡城市化目標及模式選擇[J].經濟學家,2001(4).

[61] 趙小諦.農地產權配置與中國城市化演進均衡[J].求索,2006(1).

[62] 謝長青,翟印禮,李曉燕.農村城鎮化中小城鎮公共基礎設施供求均衡分析與政策建議[J].商業研究,2006(21).

[63] 周鐵訓.論21世紀中國城市化的「大均衡戰略」[J].天津社會科學,2000(5).

[64] 劉愛梅.均衡型城市化模式的實際操作與現實因應[J].改革,2010(12).

[65] 辜勝阻，李華，易善策. 均衡城鎮化：大都市與中小城市協調共進 [J]. 人口研究，2010 (9).

[66] 鄧春玉. 基於主體功能區的廣東省城市化空間均衡發展研究 [J]. 宏觀經濟研究，2008 (12).

[67] 梁穎，蔡承智. 基於非均衡增長理論的城鎮化與新農村建設協調推進的區域優先序選擇 [J]. 安徽農業科學，2011.

[68] 辜勝阻，李華. 緩解「大城市病」需實施均衡的城鎮化戰略 [J]. 中國合作經濟，2011 (7).

[69] 王家庭，張換兆. 工業化、城市化條件下中國城市土地供求均衡分析 [J]. 財經問題研究，2008 (9).

[70] 康超. 非均衡增長論與廣西地區城市化水平的解讀 [J]. 今日南國，2008 (2).

[72] 陳慶利. 非均衡協調發展的城市化路徑 [J]. 西南師範大學學報，2005 (5).

[72] 張岩，張人廣. 非均衡發展是城市化的普遍規律 [J]. 城市發展研究，2009 (10).

[73] 何志成. 非均衡的城市化之路已走進死胡同 [J]. 中國老區建設，2010 (11).

[74] 施祖麟，王志鋒. 創新農民進城機制 加快中國城市化進程——基於博弈均衡視角的思考 [J]. 中國城市經濟，2006 (6).

[75] 胡金林. 城鄉一體化進程中的城鎮化非均衡發展研究——以孝感7鎮的個案調查為例 [J]. 農村經濟，2009 (10).

[76] 王雅莉，苗麗靜. 城市化可持續均衡發展的經濟學分析 [J]. 城市發展研究，2005 (4).

[77] 趙小諦. 城市化均衡的農地產權變遷依賴 [J]. 中共中央黨校學報，2006 (4).

[78] 王雅莉. 城市化經濟動態均衡的本質及公共政策 [J].

城市，2009（3）.

[79] 宋金全. 城市化進程中的城市建設問題——淺談區域均衡發展與城市邊緣區擴張問題 [J]. 城市，2008（9）.

[80] 錢陳, 史晉川. 城市化、結構變動與農業發展——基於城鄉兩部門的動態一般均衡分析 [J]. 2006（10）.

[81] 陳銳, 牛文元. 城鄉一體化和諧城市的戰略構想 [J]. 戰略與決策研究，2007（5）.

[82] 牛文元. 中國新型城市化戰略的設計要點 [J]. 戰略與決策研究，2009（2）.

[83] 仇保興. 中國的新型城鎮化之路 [J]. 中國發展觀察，2010（4）.

[84] 顧朝林, 吳莉婭. 中國城市化研究主要成果綜述 [J]. 城市問題，2008（12）.

[85] 吳莉婭. 中國城市化理論研究進展 [J]. 城市規劃匯刊，2004（4）.

[86] 高珮義. 國內外關於城市化理論研究的概況 [J]. 北京社會科學，1990（4）.

[87] 張靜. 走新型的可持續發展的城市化道路 [J]. 經濟問題探索，2004（2）.

[88] 姜永生, 範建雙, 宋竹. 中國新型城市化道路的基本思路 [J]. 改革與戰略，2008（4）.

[89] 陳甬軍. 中國的城市化與城市化研究——兼論新型城市化道路 [J]. 東南學術，2004（4）.

[90] 仇保興. 中國特色的城鎮化模式之辯——「C模式」：超越「A模式」的誘惑和「B模式」的泥淖 [J]. 城市規劃，2008（11）.

[91] 陳甬軍, 景普秋. 中國新型城市化道路的理論及發展目標預測 [J]. 經濟學動態，2008（9）.

[92] 辜勝阻, 李華, 易善策. 中國特色城鎮化道路研究 [J]. 中國人口·環境與資源, 2009 (1).

[93] 陳甬軍. 中國城市化發展實踐的若干理論和政策問題 [J]. 經濟學動態, 2010 (1).

[94] 陳彥光, 周一星. 中國城市化過程的非線性動力學模型探討 [J]. 北京大學學報, 2006 (4).

[95] 屈曉杰, 王理平. 中國城市化進程的模型分析 [J]. 安徽農業科學, 2005 (10).

[96] 陳彥光, 周一星. 基於 RS 數據的城市系統異速生長分析和城鎮化水平預測模型：基本理論與應用方法 [J]. 北京大學學報, 2001 (11).

[97] 張耕田. 關於建立城市化水平指標體系的探討 [J]. 城市問題, 1998 (1).

[98] 代合治, 劉兆德. 複合指標法及其在測度中國省域城市化水平中的應用 [J]. 城市問題, 1998 (4).

[99] 張佰瑞. 城市化水平預測模型的比較研究 [J]. 理論界, 2007 (4).

[100] 陳彥光, 羅靜. 城市化水平與城市化速度的關係探討——中國城市化速度和城市化水平飽和值的初步推斷 [J]. 地理研究, 2006 (11).

[101] 陳彥光, 周一星. 城市化 Logistic 過程的階段劃分及其空間解釋 [J]. 經濟地理, 2005 (11).

[102] 馬彪. 青海省人口城市化 Logistic 模型及其應用 [J]. 甘肅科技, 2008 (3).

[103] 相偉. 中國城鎮化進程及未來發展趨勢 [J]. 城市管理與科技, 2011 (2).

[104] 劉勇. 中國城鎮化發展的歷程、問題和趨勢 [J]. 經濟與管理研究, 2011 (3).

[105] 錢振明. 中國特色城鎮化道路研究：現狀及發展方向 [J]. 蘇州大學學報, 2008 (3).

[106] 劉波. 中國城鎮化發展趨勢研究及相關政策建議 [J]. 城市發展研究, 2008 (5).

[107] 國家發改委城市與小城鎮改革發展中心課題組. 中國城鎮化的現狀障礙與推進策略 [J]. 中國黨政幹部論壇, 2010 (1).

[108] 穆光宗. 構築人口均衡發展型社會 [J]. 北京大學學報, 2011 (3).

[109] 陸杰華, 朱薈. 建設人口均衡型社會的現實困境與出路 [J]. 人口研究, 2010 (4).

[110] 陸杰華, 黃匡時. 關於構建人口均衡型社會的幾點理論思考 [J]. 人口學刊, 2010 (5).

[111] 張車偉. 人口均衡發展芻議：論人口均衡發展及其政策涵義 [J]. 人口與計劃生育, 2010 (5).

[112] 李湧平. 決策的困惑和人口均衡政策——中國未來人口發展問題的探討 [J]. 北京大學學報, 1996 (1).

[113] 王金營, 顧瑶. 建設人口均衡型社會：條件、問題及對策 [J]. 人口研究, 2011 (1).

[114] 張黎明. 建設人口均衡型城市實現人口均衡型發展 [J]. 前進論壇, 2011 (2).

[115] 肖子華. 建設「人口均衡型社會」統籌解決人口問題 [J]. 人口與計劃生育, 2010 (9).

[116] 張翼. 人口結構調整與人口均衡型社會的建設 [J]. 人口研究, 2010 (9).

[117] 張車偉. 樹立新的人口觀 實現人口均衡協調發展 [J]. 人口與計劃生育, 2010 (5).

[118] 於學軍. 為什麼要建設「人口均衡型社會」 [J]. 人

口研究, 2010 (5).

[119] 翟振武, 楊凡. 中國人口均衡發展的狀況與分析 [J]. 人口與計劃生育, 2010 (8).

[120] 人口長期均衡發展課題組. 以科學發展為主導 構建人口均衡型社會 [J]. 人口研究, 2010 (9).

[121] 江曼琦. 從聚集經濟利益談中國城鄉經濟發展問題 [J]. 學習與探討, 2006 (6).

[122] 國家發改委國土開發與地區經濟研究所課題組. 改革開放以來中國特色城鎮化的發展路徑 [J]. 改革, 2008 (7).

[123] 辜勝阻. 城鎮化是未來中國經濟高速增長的最大動力 [J]. 農村工作通訊, 2010 (1).

[124] 徐越倩. 城鄉統籌的新型城市化與基本服務均等化 [J]. 中國浙江省委黨校學報, 2011 (1).

[125] 辜勝阻, 王敏.「十二五」經濟轉型需改變六大失衡 [J]. 政策瞭望, 2011 (3).

[126] 盛廣耀. 科學發展: 中國特色城鎮化的基本要求 [J]. 農村工作通訊, 2010 (1).

[127] 馮剛. 現代城市發展中的公共服務功能研究 [J]. 城市發展研究, 2010 (2).

[128] 顧海兵. 深度城市化與逆向城市化 [J]. 寧波經濟, 2004 (5).

[129] 赫廣義. 農民工: 城市政府公共服務的重要對象 [J]. 湛江師範學院學報, 2009 (2).

[130] 孫春霞. 美國城市公共服務供給機制的改革及其對中國的啟示 [J]. 江漢論壇, 2010 (9).

[131] 王悅榮. 城市基本公共服務均等化及能力評價 [J]. 城市問題, 2010 (8).

[132] 李怡靖, 李英超. 以基礎公共服務均等化促進城鄉一

體化［J］.中國國情國力，2010（11）.

［133］劉長久，周建波.中國城鄉基本公共服務均等化問題探析［J］.社會主義新農村建設，2010（11）.

［134］周黎鴻.構建城鄉基本公共服務均等化機制研究［J］.理論觀察，2010（4）.

［135］尹俊，甄峰，王春慧.世界城市化發展新特點及中國城市化發展趨勢［J］.地理教育，2010（1）.

［136］侯燕.發展中國家城市化問題淺析［J］.中國工程諮詢，2006（11）.

［137］竇金波.當代世界城市化的特點及發展趨勢［J］.經濟研究導刊，2010（5）.

［138］宋麗敏.中國人口城市化水平預測分析［J］.遼寧大學學報，2007（3）.

［139］簡新華，黃錕.中國城鎮化水平和速度的實證分析與前景預測［J］.經濟研究，2010（3）.

［140］季小立，洪銀興.體制轉軌、發展戰略轉型與中國城市化路徑替代［J］.天津社會科學，2007（4）.

［141］盧繼宏.四川省農村流動人口就業的趨勢及公共政策選擇［J］.農村經濟，2011（8）.

［142］盧繼宏，郭建軍.政府在失地農民權益保障中的角色定位［J］.農村經濟，2008（2）.

［143］盧繼宏.四川省新型城鎮化建設的路徑選擇［J］.成都行政學院學報，2011（04）.

［144］孔凡文.中國城鎮化發展速度與質量問題研究［D］.北京：中國農業科學院，2006.

［145］Olli Varis, Pertti Vakkilainen. China's 8 challenges to water resources management in the first quarter of the 21st Century. Geomorphology, 2001（41）.

[146] Aimin CHEN. Urbanization and disparities in China: challenges of growth and development. China Economic Review, 2002 (13).

[147] Wenwei Ren, Yang Zhong, John Meligranab, Bruce Anderson, W. Edgar Watt, Jiakuan Chen, Hok-Lin Leung. Urbanization, land use, and water quality in Shanghai 1947–1996. Environment International, 2003 (29).

[148] Weijun Gao, Xingtian Wang, Li Haifeng, Penglin Zhao, Jianxing Ren, Ojima Toshio. Living environment and energy consumption in cities of Yangtze Delta Area. Energy and Buildings, 2004 (36).

[149] Habib M. Alshuwaikhat. Strategic environmental assessment can help solve environmental impact assessment failures in developing countries. Environmental Impact Assessment Review, 2005 (25).

[150] Lei Shen, Shengkui Cheng, Aaron James Gunson, Hui Wan. Urbanization, sustainability and the utilization of energy and mineral resources in China. Cities, 2005, 22 (4).

[151] Vesa Yli-Pelkonen & Jari Niemela. Linking ecological and social systems in cities: urban planning in Finland as a case. Biodiversity and Conservation, 2005 (14).

[152] Sarath K. Guttikunda, Gregory R. Carmichael, Giuseppe Calori, Christina Eck & Jung-Hun Woo. The contribution of megacities to regional sulfur pollution in Asia. Atmospheric Environment, 2003 (37).

[153] Shankar K. Karki, Michael D. Mann & Hossein Salehfar. Energy and environment in the ASEAN: challenges and opportunities. Energy Policy, 2005 (33).

[154] Bryn Sadownik, Mark Jaccard. Sustainable energy and urban form in China: the relevance of community energy management. Energy Policy, 2001 (29).

[155] P. K. Govil, G. L. N. Reddy, A. K. Krishna. Contamination of soil due to heavy metals in the Patancheru industrial development area, Andhra Pradesh, India. Environmental Geology, 2001 (41).

[156] Jack J. Fritz, Derek Vollmer. To what extent can technology compensate for institutional failure in an urban environmental management setting: The case of China. Technology in Society, 2006 (28).

[157] Caldwell L K. Political aspects of ecologically sustainable development. Environmental Conservation, 1984, 11, (4).

[158] Pezzy J. Sustainable Development Concepts: An Economic Analysis. World Bank Environment Paper No. 2, 1992.

[159] Regier HA, Baskerville GL. Sustainable redevelopment of regional ecosystems degraded by exploitive development. Sustainable Development of the Biosphere. Cambridge: Cambridge University Press, 1986.

[160] Xiangzheng Deng, Jikun Huang, Scott Rozelle. Growth, population and industrialization, and urban land expansion of China. Journal of Urban Economics. 2008 (63).

附 錄

附表 1

	年末總人口（萬人）	人口自然增長率（‰）	人口密度（人/平方千米）	從業人員總數（萬人）	人口總負擔系數（人）	教育經費占GDP比重（%）
北京	1,245.83	3.75	759.14	619.35	2.01	0.030,09
天津	979.84	3.96	833.20	201.65	4.86	0.023,05
石家莊	977.41	9.29	616.74	83.50	11.71	0.020,41
太原	365.12	7.39	524.37	80.33	4.55	0.018,60
呼和浩特	227.37	7.09	132.01	31.59	7.20	0.013,50
沈陽	716.55	0.73	552.04	105.22	6.81	0.015,55
長春	756.50	5.34	367.16	89.10	8.49	0.016,91
哈爾濱	991.60	4.12	186.85	144.04	6.88	0.020,17
上海	1,400.70	-1.02	2,209.31	385.41	3.63	0.023,06
南京	629.77	2.17	956.81	117.66	5.35	0.015,15
杭州	683.38	3.41	671.89	204.36	3.34	0.016,96
合肥	491.43	6.92	737.76	62.73	7.83	0.014,30
福州	637.92	5.90	746.10	98.70	6.46	0.017,61
南昌	497.33	7.40	411.77	66.31	7.50	0.014,51
濟南	603.27	2.62	697.36	123.26	4.89	0.010,98
鄭州	731.47	7.41	982.37	103.96	7.04	0.018,72

附表1(續)

	年末總人口（萬人）	人口自然增長率（‰）	人口密度（人/平方千米）	從業人員總數（萬人）	人口總負擔系數（人）	教育經費占GDP比重（%）
武漢	835.55	3.77	983.69	175.74	4.75	0.014,39
長沙	651.59	5.34	551.31	100.43	6.49	0.012,59
廣州	794.62	4.25	1,068.90	235.15	3.38	0.012,07
南寧	697.90	8.15	315.81	69.07	10.10	0.020,98
海口	158.24	8.46	686.51	31.10	5.09	0.024,83
重慶	3,275.61	4.48	395.48	248.75	13.17	0.029,14
成都	1,139.63	2.51	940.21	164.61	6.92	0.017,70
貴陽	367.08	5.36	456.91	68.56	5.35	0.028,47
昆明	533.99	6.52	254.10	93.96	5.68	0.021,37
拉薩	51.53	21.97	0.00	9.09	5.67	0.183,02
西安	781.67	6.95	773.32	135.64	5.76	0.014,41
蘭州	323.59	4.33	247.28	50.29	6.43	0.029,13
西寧	193.94	5.74	253.02	27.43	7.07	0.027,02
銀川	155.55	6.99	162.79	29.66	5.24	0.022,58
烏魯木齊	241.19	4.83	174.93	46.70	5.16	0.020,78

附表1-a

	高校在校學生數（人）	每百人公共圖書館藏書量（千冊）	國內生產總值（億元）	工業總產值（億元）	固定資產投資額（億元）
北京	577,154.00	350.61	12,153.00	11,039.13	4,858.41
天津	405,968.00	121.69	7,532.85	13,083.63	5,006.32
石家莊	366,531.00	47.62	3,001.28	4,463.54	2,436.36
太原	323,321.00	102.32	1,545.24	1,566.81	782.02
呼和浩特	203,891.00	107.36	1,643.99	1,153.49	834.81

附表1-a(續)

	高校在校學生數（人）	每百人公共圖書館藏書量（千冊）	國內生產總值（億元）	工業總產值（億元）	固定資產投資額（億元）
沈陽	314,863.00	142.45	4,268.51	7,637.10	3,519.95
長春	359,423.00	41.60	2,848.56	4,492.90	2,291.55
哈爾濱	468,903.00	67.85	3,175.54	1,990.61	1,892.10
上海	512,809.00	470.72	15,046.45	24,091.26	5,273.33
南京	773,394.00	206.09	4,230.26	6,799.77	2,647.98
杭州	394,087.00	178.67	5,087.55	9,390.73	2,291.65
合肥	352,091.00	59.11	2,102.12	2,766.40	2,468.42
福州	265,682.00	74.85	2,604.04	3,634.66	1,646.72
南昌	484,890.00	84.41	1,837.50	2,104.24	1,479.32
濟南	632,572.00	150.58	3,351.36	3,950.77	1,655.37
鄭州	617,394.00	71.64	3,308.51	4,752.98	2,289.08
武漢	846,315.00	119.43	4,620.86	5,798.88	3,001.10
長沙	502,972.00	90.12	3,744.76	3,372.86	2,441.78
廣州	796,006.00	212.93	9,138.21	11,376.76	2,659.85
南寧	257,576.00	66.80	1,524.71	981.65	1,043.91
海口	94,153.00	26.98	489.55	309.22	277.03
重慶	523,297.00	30.16	6,530.01	6,772.90	5,317.92
成都	589,291.00	102.69	4,502.60	4,864.34	4,025.89
貴陽	245,768.00	59.03	971.94	896.75	782.79
昆明	269,922.00	33.97	1,808.65	1,840.83	1,600.66
拉薩	12,179.00	69.86	163.28	367.22	136.11
西安	632,200.00	12.52	2,724.08	2,468.27	2,500.13
蘭州	261,847.00	121.57	925.98	1,324.88	506.18
西寧	43,782.00	30.68	501.07	545.62	312.04
銀川	62,432.00	137.45	578.15	688.53	492.10
烏魯木齊	130,265.00	81.39	1,094.52	1,274.80	412.05

附表 1-b

	人均國內生產總值（元）	人均第二產業增加值（元）	人均第三產業增加值（元）	人均可支配收入（元）	人均消費支出（元）
北京	70,452.00	16,556.22	53,212.40	26,738.00	17,893.00
天津	62,574.00	33,176.73	28,327.25	21,430.00	14,801.00
石家莊	30,428.00	15,086.20	12,216.84	16,607.00	11,708.00
太原	44,319.00	19,376.27	24,122.83	15,607.00	10,078.00
呼和浩特	61,108.00	22,053.88	36,151.49	22,291.00	14,729.00
沈陽	54,654.00	27,239.55	24,763.73	18,560.00	16,448.00
長春	37,753.00	19,121.89	15,663.72	16,276.00	13,409.00
哈爾濱	32,053.00	11,590.36	16,436.78	15,887.00	12,358.00
上海	78,989.00	31,508.71	46,887.87	26,675.00	20,992.00
南京	67,455.00	30,786.46	34,611.16	25,504.00	16,339.00
杭州	63,333.00	29,715.84	31,242.17	26,800.00	18,595.00
合肥	41,543.00	21,835.00	17,556.07	14,084.00	12,694.00
福州	38,015.00	17,319.63	18,304.22	17,961.00	12,501.00
南昌	39,669.00	21,944.89	15,308.27	16,472.00	12,406.00
濟南	50,376.00	21,848.07	25,716.95	22,722.00	14,764.00
鄭州	44,231.00	23,884.74	18,970.68	17,416.00	10,224.00
武漢	51,144.00	23,710.36	25,786.80	18,385.00	12,710.00
長沙	56,620.00	28,632.73	25,275.17	20,238.00	18,385.00
廣州	89,082.00	33,191.95	54,206.40	27,600.00	22,821.00
南寧	21,945.00	7,590.78	11,297.29	16,254.00	11,271.00
海口	26,366.00	6,451.76	18,079.17	15,237.00	11,674.00
重慶	22,920.00	12,104.05	8,684.39	15,749.00	12,144.00
成都	35,215.00	15,656.59	17,463.12	18,650.00	14,088.00
貴陽	24,585.00	9,993.80	13,325.07	15,041.00	11,518.00

附表1-b(續)

	人均國內生產總值（元）	人均第二產業增加值（元）	人均第三產業增加值（元）	人均可支配收入（元）	人均消費支出（元）
昆明	25,826.00	11,774.07	12,422.31	16,496.00	11,396.00
拉薩	20,264.00	6,038.67	13,090.54	15,114.00	11,083.00
西安	32,411.00	13,619.10	17,476.01	18,963.00	14,251.00
蘭州	27,904.00	13,067.44	13,915.72	12,761.00	9,653.00
西寧	22,865.00	11,377.62	10,611.65	12,951.00	8,716.00
銀川	34,453.00	17,030.12	15,496.96	15,715.00	12,272.00
烏魯木齊	38,496.00	15,921.95	22,000.46	13,075.00	9,045.00

附表 1-c

	每萬人醫生人員數（人）	每萬人醫院衛生院床位數（張）	人均擁有道路面積（平方米）	人均公園綠地面積（平方米）	每萬人擁有公交車輛數（輛）	城市燃氣普及率
北京	50.05	68.71	7.81	52.52	18.49	1.27
天津	27.82	43.02	10.41	21.63	9.84	0.87
石家莊	20.58	34.35	15.71	33.89	17.05	1.04
太原	41.96	68.22	8.27	27.01	6.59	1.03
呼和浩特	27.32	59.76	12.80	22.26	16.99	1.08
沈陽	28.33	50.95	10.27	50.75	9.92	0.92
長春	21.94	44.60	12.41	31.93	12.20	0.73
哈爾濱	19.17	44.18	6.17	25.65	10.55	1.01
上海	30.26	70.19	6.97	87.81	12.22	1.44
南京	26.35	0.04	17.06	141.47	11.14	0.90
杭州	33.29	51.19	10.44	36.53	18.80	0.70
合肥	21.89	49.78	18.91	50.52	12.76	1.04

附表1-c(續)

	每萬人醫生人員數（人）	每萬人醫院衛生院床位數（張）	人均擁有道路面積（平方米）	人均公園綠地面積（平方米）	每萬人擁有公交車輛數（輛）	城市燃氣普及率
福州	21.03	34.14	11.27	40.68	14.17	1.07
南昌	14.11	32.45	7.17	33.39	11.71	0.89
濟南	27.30	51.22	18.55	31.49	12.55	0.81
鄭州	25.18	55.93	10.71	36.14	15.53	1.36
武漢	28.72	51.37	13.21	29.64	14.03	1.09
長沙	26.32	55.38	14.48	33.76	14.75	1.00
廣州	41.44	65.48	14.51	190.05	13.42	0.83
南寧	18.50	33.82	6.49	130.75	10.02	0.79
海口	31.56	45.34	7.68	22.83	6.52	0.38
重慶	12.80	26.62	5.80	59.93	4.16	0.54
成都	28.48	50.44	12.07	30.95	14.50	0.74
貴陽	27.55	49.35	5.32	26.27	11.57	0.40
昆明	59.08	56.36	9.96	40.11	21.12	1.21
拉薩	27.60	57.17	13.47	94.97	6.14	1.58
西安	18.80	44.92	9.00	21.47	12.53	0.60
蘭州	29.17	67.73	8.66	20.78	10.06	0.83
西寧	20.74	46.24	4.85	11.92	15.00	0.75
銀川	23.95	52.08	17.44	56.57	14.45	1.13
烏魯木齊	42.42	128.31	8.29	66.33	16.66	0.97

附表 1-d

	人均 水資源 存量 (噸)	萬元 工業產值 耗電量 (千瓦時)	萬元 工業產值 耗水量 (噸)	工業廢水 排放量 (萬噸)	工業廢水 處理率 (％)
北京	50.19	252.85	8.41	8,713.00	0.98
天津	26.03	315.89	3.76	19,441.00	1.00
石家莊	31.00	192.61	3.77	19,045.00	1.00
太原	46.84	753.96	8.85	2,483.00	0.97
呼和浩特	22.01	153.00	8.66	2,374.00	1.00
沈陽	33.15	121.39	5.23	6,259.00	0.91
長春	18.80	136.91	5.22	5,489.00	0.94
哈爾濱	33.08	340.39	11.82	3,539.00	0.97
上海	73.09	291.22	10.13	41,192.00	0.99
南京	51.88	315.02	11.83	36,339.00	0.93
杭州	65.45	245.14	4.41	79,959.00	0.96
合肥	66.07	114.97	5.04	2,036.00	0.96
福州	60.28	121.43	3.59	4,288.00	0.90
南昌	56.63	224.92	10.72	10,238.00	0.93
濟南	38.74	262.74	3.61	5,014.00	0.99
鄭州	43.94	399.46	4.83	11,240.00	0.99
武漢	77.16	261.88	9.98	22,532.00	0.99
長沙	110.38	55.00	5.50	3,726.00	0.90
廣州	122.46	238.47	9.19	26,023.00	0.97
南寧	58.83	393.16	20.23	12,347.00	0.91
海口	50.56	331.14	20.08	475.00	1.00
重慶	23.79	399.44	5.97	65,684.00	0.94
成都	80.52	182.96	3.94	24,554.00	1.00
貴陽	56.52	936.53	9.91	2,356.00	0.97

附表1-d(續)

	人均水資源存量(噸)	萬元工業產值耗電量(千瓦時)	萬元工業產值耗水量(噸)	工業廢水排放量(萬噸)	工業廢水處理率(%)
昆明	54.42	456.50	10.45	4,256.00	1.00
拉薩	39.69	0.00	13.32	986.00	0.21
西安	32.97	267.58	8.02	14,203.00	0.94
蘭州	45.59	740.88	13.48	2,945.00	0.99
西寧	37.23	688.67	12.88	4,387.00	0.87
銀川	48.70	396.20	8.38	4,987.00	0.99
烏魯木齊	52.85	521.60	13.74	5,968.00	0.88

附表1-e

	空氣中可吸入顆粒物(毫克/立方米)	二氧化硫排放量(噸)	空氣達到二級的天數(天)	環境噪聲平均值dB(A)	工業固體廢物產生量(萬噸)	工業固體廢物綜合利用率(%)
北京	0.12	59,922.00	285.00	69.80	1,242.00	68.90
天津	0.10	172,980.00	307.00	67.70	1,516.00	98.30
石家莊	0.10	143,523.00	318.00	65.50	1,273.00	92.50
太原	0.11	90,487.00	296.00	68.10	2,410.00	48.60
呼和浩特	0.07	74,041.00	346.00	69.50	592.00	64.60
沈陽	0.11	82,362.00	328.00	69.70	645.00	17.90
長春	0.09	54,693.00	340.00	68.00	406.00	76.30
哈爾濱	0.10	51,879.00	311.00	68.00	1,330.00	71.00
上海	0.08	239,348.00	334.00	69.80	2,255.00	98.60
南京	0.10	134,026.00	315.00	68.50	1,442.00	99.30
杭州	0.10	92,926.00	327.00	69.30	635.00	93.90
合肥	0.11	30,453.00	321.00	69.80	277.00	60.40

附表1-e(續)

	空氣中可吸入顆粒物(毫克/立方米)	二氧化硫排放量(噸)	空氣達到二級的天數(天)	環境噪聲平均值 dB(A)	工業固體廢物產生量(萬噸)	工業固體廢物綜合利用率(%)
福州	0.06	90,277.00	353.00	69.40	425.00	94.40
南昌	0.08	22,514.00	347.00	69.90	118.00	93.90
濟南	0.12	65,944.00	295.00	69.30	968.00	89.20
鄭州	0.10	112,167.00	322.00	66.10	915.00	35.20
武漢	0.11	114,579.00	301.00	69.10	1,215.00	99.90
長沙	0.09	52,052.00	333.00	69.90	155.00	95.60
廣州	0.07	86,100.00	347.00	69.20	642.00	90.10
南寧	0.05	57,487.00	362.00	69.30	380.00	97.10
海口	0.04	103.00	365.00	67.40	4.00	79.80
重慶	0.11	586,117.00	303.00	67.80	2,552.00	20.00
成都	0.11	93,045.00	315.00	69.70	576.00	74.80
貴陽	0.07	84,488.00	347.00	68.00	873.00	39.90
昆明	0.07	88,337.00	365.00	69.30	2,161.00	18.70
拉薩	0.05	0.00	361.00	69.50	26.00	81.10
西安	0.11	82,864.00	304.00	68.00	247.00	29.50
蘭州	0.15	70,687.00	236.00	68.90	486.00	22.80
西寧	0.14	70,403.00	280.00	69.10	250.00	91.90
銀川	0.09	20,403.00	328.00	67.20	164.00	90.80
烏魯木齊	0.14	107,971.00	262.00	70.20	551.00	65.30

附表 2

Total Variance Explained

Component	Initial Eigenvalues Total	Initial Eigenvalues % of Variance	Initial Eigenvalues Cumulative %	Loadings Total	Loadings % of Variance	Loadings Cumulative %	Loadings Total	Loadings % of Variance	Loadings Cumulative %
1	10.83	32.81	32.81	10.83	32.81	32.81	9.11	27.62	27.62
2	4.80	14.56	47.37	4.80	14.56	47.37	4.42	13.40	41.02
3	3.49	10.58	57.95	3.49	10.58	57.95	3.27	9.92	50.94
4	2.73	8.28	66.23	2.73	8.28	66.23	2.61	7.91	58.84
5	2.02	6.11	72.34	2.02	6.11	72.34	2.46	7.46	66.31
6	1.40	4.24	76.58	1.40	4.24	76.58	2.43	7.35	73.66
7	1.15	3.48	80.06	1.15	3.48	80.06	1.67	5.06	78.72
8	1.08	3.28	83.34	1.08	3.28	83.34	1.53	4.62	83.34
9	0.84	2.54	85.88						
10	0.79	2.40	88.28						
11	0.73	2.20	90.49						
12	0.66	2.00	92.49						
13	0.53	1.60	94.08						
14	0.40	1.21	95.29						
15	0.35	1.06	96.36						
16	0.29	0.88	97.23						
17	0.21	0.64	97.87						
18	0.17	0.52	98.40						
19	0.13	0.39	98.78						
20	0.11	0.33	99.11						
21	0.09	0.27	99.39						
22	0.07	0.21	99.59						
23	0.04	0.13	99.72						
24	0.03	0.08	99.80						
25	0.02	0.07	99.88						
26	0.02	0.06	99.94						
27	0.01	0.03	99.97						
28	0.01	0.02	99.99						
29	0.00	0.01	100.00						
30	0.00	0.00	100.00						
31	0.00	0.00	100.00						
32	(0.00)	(0.00)	100.00						
33	(0.00)	(0.00)	100.00						

Extraction Method: Principal Component Analysis.

附表 3　　　　　　　　因子載荷矩陣

Rotated Component Matrix^a

	Component							
	1	2	3	4	5	6	7	8
年末總人口（萬人）	.184	.244	.088	.009	-.154	-.019	-.065	.013
人口自然增長率（‰）	-.475	-.230	-.714	.020	-.024	.290	.023	-.090
人口密度（人/平方千米）	.775	.187	.189	.047	-.084	.049	.077	-.112
從業人員總數（萬人）	.749	.433	.026	-.075	.201	-.053	-.179	.132
人口總負擔系數（%）	-.613	.479	.017	.138	-.392	.102	-.075	-.071
教育經費占 GDP 比重（%）	-.135	-.045	-.939	-.112	-.012	.099	.017	.036
高校在校學生數（人）	.487	.345	.313	.323	-.106	-.105	.292	-.038
每百人公共圖書館藏書量（千冊）	.714	.040	-.081	-.081	.156	-.109	.049	.044
國內生產總值（億元）	.872	.440	.027	.003	.085	-.006	-.044	.072
工業總產值（億元）	.882	.369	.015	.027	.001	-.005	-.032	-.019
固定資產投資額（億元）	.592	.685	.111	.206	-.081	-.032	-.168	.056
人均國內生產總值（元）	.869	-.035	.149	.268	.114	-.047	.221	.058
人均第二產業增加值（元）	.684	.004	.239	.456	-.054	-.121	.224	-.027
人均第三產業增加值（元）	.882	-.059	.048	.074	.240	-.018	.189	.100
每萬人醫生人員數（人）	.258	-.119	-.002	-.090	.881	.019	.137	.007
每萬人醫院衛生院床位數（張）	.065	-.201	-.133	-.150	.646	-.375	-.023	.268
人均可支配收入（元）	.856	.088	.113	.224	.044	.158	.162	.075
人均消費支出（元）	.802	.120	.128	.238	-.019	.211	.212	.263
人均擁有道路面積（平方米）	.071	-.258	-.094	.811	-.084	-.011	.315	-.116
人均公園綠地面積（平方米）	.329	.106	-.247	-.049	-.023	.214	.767	.058
每萬人擁有公交車輛數（輛）	.138	-.216	.315	.419	.520	.044	-.177	.195
城市燃氣普及率（%）	.298	-.095	-.609	.331	.377	.001	-.095	-.125
人均水資源存量（噸）	.325	-.124	.180	.083	.161	.163	.783	.399
萬元工業產值耗電量（千瓦時）	-.253	-.037	.288	-.636	.256	-.350	.085	-.359
萬元工業產值耗水量（噸）	-.165	-.287	.165	-.759	-.001	.130	.276	.044
工業廢水排放量（萬噸）	.360	.611	.123	.031	-.195	.005	.209	.040
工業廢水處理率（%）	.178	.096	.906	.022	.101	-.076	-.117	-.197
空氣中可吸入顆粒物（毫克/立方）	-.013	.105	.194	.133	.075	-.931	-.141	.054
二氧化硫排放量（噸）	.065	.908	.050	-.078	-.100	-.131	.052	-.155
空氣達到二級的天數（天）	-.009	-.087	-.100	.072	-.067	.959	.080	.025
環境噪聲平均值（dB（A））	.217	-.102	-.112	-.061	.198	-.088	.149	.798
工業固體廢棄物產生量（萬噸）	.269	.639	.067	-.113	.328	-.079	.007	-.484
工業固體廢物綜合利用率（%）	.432	-.383	-.078	.120	-.437	.160	.136	.093

Extraction Method：Principal Component Analysis.

Rotation Method：Varimax with Kaiser Normalization.

附表4　　　　　　樣本城市因子得分輸出表

	FAC1_1	FAC2_1	FAC3_1	FAC4_1	FAC5_1	FAC6_1	FAC7_1	FAC8_1
北京	2.179	0.326	-0.576	-0.520	1.719	-0.455	-1.721	0.923
天津	1.273	0.181	-0.052	0.176	-0.808	-0.412	-1.182	-1.223
石家莊	-0.640	0.473	-0.072	1.654	-0.442	0.281	-0.675	-1.862
太原	-0.228	-0.274	-0.112	-0.902	1.248	-0.901	0.586	-2.053
呼和浩特	-0.100	-0.770	0.184	0.814	0.567	0.801	-0.805	0.198
沈陽	0.129	0.362	0.106	0.470	0.031	-0.228	-0.620	0.808
長春	-0.373	-0.101	0.224	0.677	-0.760	0.517	-1.050	-0.028
哈爾濱	-0.244	0.058	0.089	-0.687	-0.451	-0.129	-0.880	-0.329
上海	3.336	0.849	-0.578	-1.287	0.074	0.281	-0.551	-0.250
南京	1.011	-0.160	0.159	0.402	-1.261	-0.372	2.390	-1.506
杭州	0.924	0.033	0.716	0.412	0.000	0.284	-0.009	1.016
合肥	-0.654	-0.230	0.012	1.595	-0.222	-0.417	0.325	0.698
福州	-0.152	-0.279	0.056	0.649	-0.427	1.122	-0.758	0.564
南昌	-0.231	-0.545	0.320	-0.233	-1.262	0.593	-0.365	1.019
濟南	0.326	-0.614	0.355	1.125	-0.436	-1.140	0.104	-0.236
鄭州	-0.182	0.140	-0.008	1.023	0.640	-0.039	-0.360	-1.967
武漢	0.442	-0.010	0.308	0.459	-0.131	-0.620	0.536	-0.054
長沙	-0.001	-0.356	0.402	1.376	-0.131	0.282	0.602	1.710
廣州	1.492	-0.040	0.446	0.288	0.646	0.760	3.306	0.520
南寧	-0.763	0.020	0.065	-1.672	-0.980	1.516	1.152	0.646
海口	-0.327	-1.297	0.641	-2.125	-0.744	1.851	-0.274	-0.442
重慶	-1.177	4.601	-0.213	-0.577	-0.889	-0.283	0.374	-0.036
成都	-0.206	0.687	0.696	0.661	-0.133	-0.119	-0.173	1.515
貴陽	-0.761	-0.289	1.019	-1.729	0.369	0.695	0.003	-0.570
昆明	-1.216	0.680	0.468	0.285	3.538	1.858	-0.033	-0.395
拉薩	-0.648	-0.507	-5.044	0.039	-0.205	0.682	0.408	0.368
西安	-0.400	0.184	0.485	0.050	-0.606	-0.323	-0.646	0.307
蘭州	-0.822	-0.447	0.091	-1.114	0.193	-2.550	0.299	-0.034
西寧	-0.753	-0.896	0.153	-1.247	-0.771	-1.431	-0.775	0.484
銀川	-0.374	-1.325	-0.089	0.632	-0.105	0.009	0.060	-1.112
烏魯木齊	-0.859	-0.452	-0.252	-0.692	1.743	-2.111	0.734	1.321

附表 5　　1949—2010 年年中國的城市化發展情況

年份	總人口(萬人)	城鎮人口(萬人)	城市化率(%)	年份	總人口(萬人)	城鎮人口(萬人)	城市化率(%)
1949	54,167	5,765	10.64	1980	98,705	19,140	19.39
1950	55,196	6,169	11.18	1981	100,072	20,171	20.16
1951	56,300	6,632	11.78	1982	101,654	21,480	21.13
1952	57,482	7,163	12.46	1983	103,008	22,274	21.62
1953	58,796	7,826	13.31	1984	104,357	24,017	23.01
1954	60,266	8,249	13.69	1985	105,851	25,094	23.71
1955	61,465	8,285	13.50	1986	107,507	26,366	24.52
1956	62,828	9,185	14.62	1987	109,300	27,674	25.32
1957	64,653	9,949	15.39	1988	111,026	28,661	25.81
1958	65,994	10,721	16.25	1989	112,704	29,540	26.21
1959	67,207	12,371	18.41	1990	114,333	30,195	26.41
1960	66,207	13,073	19.70	1991	115,823	31,203	26.94
1961	65,859	12,707	19.30	1992	117,171	32,175	27.46
1962	67,295	11,659	17.33	1993	118,517	33,173	27.99
1963	69,127	11,646	16.85	1994	119,850	34,169	28.51
1964	70,499	12,950	18.37	1995	121,121	35,174	29.04
1965	72,538	13,045	17.98	1996	122,389	37,304	30.48
1966	74,542	13,313	17.86	1997	123,626	39,449	31.91
1967	76,368	13,548	17.74	1998	124,761	41,608	33.35
1968	78,534	13,838	17.62	1999	125,786	43,748	34.78
1969	80,671	14,117	17.50	2000	126,743	45,906	36.20
1970	82,992	14,424	17.38	2001	127,627	48,064	37.66
1971	85,229	14,711	17.26	2002	128,453	50,212	39.10
1972	87,177	14,935	17.13	2003	129,227	52,376	40.53
1973	89,211	15,345	17.20	2004	129,988	54,283	41.76
1974	90,859	15,595	17.16	2005	130,756	56,212	42.99
1975	92,420	16,030	17.34	2006	131,448	57,706	43.90

附表5(續)

年份	總人口 (萬人)	城鎮人口 (萬人)	城市化率 (%)	年份	總人口 (萬人)	城鎮人口 (萬人)	城市化率 (%)
1976	93,717	16,341	17.44	2007	132,129	59,379	44.94
1977	94,974	16,669	17.55	2008	132,802	60,667	45.68
1978	96,259	17,245	17.92	2009	133,474	62,186	46.59
1979	97,524	18,495	18.96	2010	134,091	63,693	47.50

數據來源：國家統計局歷年統計年鑒。

附表6 1949—2010年中國總人口與城鎮人口的增長情況

年份	總人口(萬人)	增減(萬人)	增速(%)	城鎮人口(萬人)	增減(萬人)	增速(%)
1949	54,167	—	—	5,765	—	—
1950	55,196	1,029	1.90	6,169	404	7.01
1951	56,300	1,104	2.00	6,632	463	7.51
1952	57,482	1,182	2.10	7,163	531	8.01
1953	58,796	1,314	2.29	7,826	663	9.26
1954	60,266	1,470	2.50	8,249	423	5.41
1955	61,465	1,199	1.99	8,285	36	0.44
1956	62,828	1,363	2.22	9,185	900	10.86
1957	64,653	1,825	2.90	9,949	764	8.32
1958	65,994	1,341	2.07	10,721	772	7.76
1959	67,207	1,213	1.84	12,371	1,650	15.39
1960	66,207	−1,000	−1.49	13,073	702	5.67
1961	65,859	−348	−0.53	12,707	−366	−2.80
1962	67,295	1,436	2.18	11,659	−1,048	−8.25

附表6(續)

年份	總人口（萬人）			城鎮人口（萬人）		
		增減（萬人）	增速（%）		增減（萬人）	增速（%）
1963	69,127	1,832	2.72	11,646	-13	-0.11
1964	70,499	1,372	1.98	12,950	1,304	11.20
1965	72,538	2,039	2.89	13,045	95	0.73
1966	74,542	2,004	2.76	13,313	268	2.05
1967	76,368	1,826	2.45	13,548	235	1.77
1968	78,534	2,166	2.84	13,838	290	2.14
1969	80,671	2,137	2.72	14,117	279	2.02
1970	82,992	2,321	2.88	14,424	307	2.17
1971	85,229	2,237	2.70	14,711	287	1.99
1972	87,177	1,948	2.29	14,935	224	1.52
1973	89,211	2,034	2.33	15,345	410	2.75
1974	90,859	1,648	1.85	15,595	250	1.63
1975	92,420	1,561	1.72	16,030	435	2.79
1976	93,717	1,297	1.40	16,341	311	1.94
1977	94,974	1,257	1.34	16,669	328	2.01
1978	96,259	1,285	1.35	17,245	576	3.46
1979	97,524	1,265	1.31	18,495	1,250	7.25
1980	98,705	1,181	1.21	19,140	645	3.49
1981	100,072	1,367	1.38	20,171	1,031	5.39
1982	101,654	1,582	1.58	21,480	1,309	6.49
1983	103,008	1,354	1.33	22,274	794	3.70

附表6(續)

年份	總人口（萬人）	增減（萬人）	增速（%）	城鎮人口（萬人）	增減（萬人）	增速（%）
1984	104,357	1,349	1.31	24,017	1,743	7.83
1985	105,851	1,494	1.43	25,094	1,077	4.48
1986	107,507	1,656	1.56	26,366	1,272	5.07
1987	109,300	1,793	1.67	27,674	1,308	4.96
1988	111,026	1,726	1.58	28,661	987	3.57
1989	112,704	1,678	1.51	29,540	879	3.07
1990	114,333	1,629	1.45	30,195	655	2.22
1991	115,823	1,490	1.30	31,203	1,008	3.34
1992	117,171	1,348	1.16	32,175	972	3.12
1993	118,517	1,346	1.15	33,173	998	3.10
1994	119,850	1,333	1.12	34,169	996	3.00
1995	121,121	1,271	1.06	35,174	1,005	2.94
1996	122,389	1,268	1.05	37,304	2,130	6.06
1997	123,626	1,237	1.01	39,449	2,145	5.75
1998	124,761	1,135	0.92	41,608	2,159	5.47
1999	125,786	1,025	0.82	43,748	2,140	5.14
2000	126,743	957	0.76	45,906	2,158	4.93
2001	127,627	884	0.70	48,064	2,158	4.70
2002	128,453	826	0.65	50,212	2,148	4.47
2003	129,227	774	0.60	52,376	2,164	4.31
2004	129,988	761	0.59	54,283	1,907	3.64

附表6(續)

年份	總人口（萬人）			城鎮人口（萬人）		
		增減（萬人）	增速（%）		增減（萬人）	增速（%）
2005	130,756	768	0.59	56,212	1,929	3.55
2006	131,448	692	0.53	57,706	1,494	2.66
2007	132,129	681	0.52	59,379	1,673	2.90
2008	132,802	673	0.51	60,667	1,288	2.17
2009	133,474	672	0.51	62,186	1,519	2.50
2010	134,091	617	0.46	63,693	1,507	2.42

數據來源：根據附表5計算而得。

附表7　　國內各地區城鎮化率比較　　單位：%

	1990年	2000年	2008年	年均增速
全國	26.23	36.09	45.68	1.08
北京市	73.07	77.50	84.90	0.66
天津市	68.64	71.99	77.21	0.48
河北省	19.08	26.08	41.89	1.27
山西省	28.73	34.91	45.12	0.91
內蒙古自治區	36.03	42.68	51.70	0.87
遼寧省	50.86	54.24	60.05	0.51
吉林省	42.65	49.68	53.22	0.59
黑龍江省	47.17	51.54	55.40	0.46
上海市	66.23	89.03	88.61	1.24
江蘇省	27.62	41.49	54.31	1.48
浙江省	32.81	48.67	57.60	1.38

附表7(續)

	1990年	2000年	2008年	年均增速
安徽省	17.89	27.81	40.51	1.26
福建省	21.32	41.57	49.89	1.59
江西省	20.39	27.67	41.36	1.17
山東省	27.35	38.01	47.61	1.13
河南省	15.52	23.20	36.03	1.14
湖北省	28.96	40.22	45.19	0.90
湖南省	18.23	29.75	42.15	1.33
廣東省	36.77	55.00	63.37	1.48
廣西壯族自治區	15.09	28.15	38.16	1.28
海南省	23.95	40.11	48.01	1.34
重慶市	17.38	33.09	49.98	1.81
四川	20.18	26.69	37.40	0.96
貴州省	18.93	23.87	29.11	0.57
雲南省	14.72	23.36	33.00	1.02
西藏自治區	12.59	18.90	22.65	0.56
陝西省	21.49	32.20	42.11	1.15
甘肅省	22.04	24.01	32.15	0.56
青海省	27.34	34.76	40.97	0.76
寧夏回族自治區	25.72	32.43	44.98	1.07
新疆維吾爾自治區	31.91	33.82	39.65	0.43

數據來源：根據第四次、第五次人口普查資料和《中國統計年鑒（2009）》中的相關數據計算而得。

國家圖書館出版品預行編目(CIP)資料

中國人口均衡城市化的基本問題與路徑選擇研究 / 盧繼宏 著.-- 第一版.
-- 臺北市：崧博出版：財經錢線文化發行，2018.10

面； 公分

ISBN 978-957-735-520-1(平裝)

1.人口問題 2.都市化 3.中國

542.132　　107015862

書　名：中國人口均衡城市化的基本問題與路徑選擇研究
作　者：盧繼宏 著
發行人：黃振庭
出版者：崧博出版事業有限公司
發行者：財經錢線文化事業有限公司
E-mail：sonbookservice@gmail.com
粉絲頁　　　　　　網　址：
地　址：台北市中正區延平南路六十一號五樓一室
8F.-815, No.61, Sec. 1, Chongqing S. Rd., Zhongzheng Dist., Taipei City 100, Taiwan (R.O.C.)
電　話：(02)2370-3310 傳　真：(02) 2370-3210
總經銷：紅螞蟻圖書有限公司
地　址：台北市內湖區舊宗路二段 121 巷 19 號
電　話：02-2795-3656　傳真：02-2795-4100　網址：
印　刷：京峯彩色印刷有限公司（京峰數位）
　　　本書版權為西南財經大學出版社所有授權崧博出版事業有限公司獨家發行
　　　電子書繁體字版。若有其他相關權利及授權需求請與本公司聯繫。
定價：350 元
發行日期：2018 年 10 月第一版
◎ 本書以POD印製發行